Conversando sobre
**Justiça e os crimes
contra as mulheres**

1052

D541c   Dias, Maria Berenice
        Conversando sobre Justiça e os crimes contra as mulheres/
Maria Berenice Dias. – Porto Alegre: Livraria do Advogado Ed.,
2004.
        104 p.; 13x21 cm. – (Conversando sobre)

        ISBN 85-7348-333-4

        1. Direitos da mulher. 2. Violência contra a mulher. 3. Vio-
lência doméstica. 4. Estupro. 5. Aborto. 6. Assédio sexual.
I. Título.

CDU - 343.6-055.2

        Índices para o catálogo sistemático:

Direitos da mulher
Violência contra a mulher
Violência doméstica
Estupro
Aborto
Assédio sexual

(Bibliotecária responsável: Marta Roberto, CRB-10/652)

Maria Berenice Dias

Conversando sobre

Justiça e os crimes contra as mulheres

livraria
DO ADVOGADO
editora

Porto Alegre, 2004

© Maria Berenice Dias, 2004

Capa, projeto gráfico e diagramação de
Livraria do Advogado Editora

Revisão de
Rosane Marques Borba

Foto de
Carlos F. Vieira

Direitos desta edição reservados por
Livraria do Advogado Editora Ltda.
Rua Riachuelo, 1338
90010-273 Porto Alegre RS
Fone/fax: 0800-51-7522
livraria@doadvogado.com.br
www.doadvogado.com.br

Impresso no Brasil / Printed in Brazil

A Justiça necessita arrancar a venda do preconceito, despir a toga da insensibilidade, usar da espada para acabar com a impunidade e deixar a balança pender para o lado em que se encontra quem não tem voz nem vez.

Sumário

Apresentação 9

Preenchendo lacunas 14

Nem cega nem surda 16

Violência e cidadania 19

O Direito no limiar do novo século 22

É dever da jurisprudência inovar diante do novo 24

A nossa Justiça 26

Paz para a infância no mundo 28

A discriminação sob a ótica do Direito 32

A Justiça gaúcha 41

A mulher é vítima da Justiça 43

Senhora Coronel, bem-vinda! 51

Quinze segundos 53

A violência contra a mulher 56

Violência e o pacto de silêncio 59

A impunidade dos delitos domésticos 63

Lar: lugar de afeto e respeito 67

Basta de violência 69

Assédio sexual: um crime que ninguém quer ver 72

Assédio sexual agora é crime 75

O estupro da lei 78

Manifesto sobre o estupro 80

Estupro: um crime duplamente hediondo 82

Aborto, um direito legal 86

Aborto: direito ou crime? 89

Aborto, uma questão social 91

O aborto como direito humano 94

Em nome do pai 97

Vida ou morte: aborto e eutanásia 99

Apresentação

O mundo é dos homens!
Essa parece ser uma afirmativa, ou melhor, uma queixa de alguma feminista.
No entanto, é uma assertiva absolutamente verdadeira.
O poder está em mãos masculinas.
Rarefeita é a presença de mulheres nas instâncias do Poder. As leis são feitas por homens. É tão inexpressiva a presença das mulheres nas casas legislativas, que se pode afirmar, sem medo de errar, que a aprovação de qualquer lei depende da boa vontade dos parlamentares do sexo masculino.
No Poder Judiciário, em que o ingresso ocorre por concurso público – o que, em princípio, permite igualdade de oportunidades –, a presença da mulher ainda não se faz sentir. Não basta o uso da toga para se reconhecer um traço feminino em uma sentença, intuir que foi prolatada por alguém com mais sensibilidade, atento à realidade social. Dificilmente se identifica em uma decisão judicial uma preocupação com o contexto cultural, uma tentativa de visualizar as características individuais dos envolvidos. O modelo é tão marcadamente masculino, sentenças são tão encharcadas de ranço discriminatório, que decisões conservadoras e sexistas acabam sendo reproduzidas sem que se tome consciência da perpetuação de injustiças.
Assim, o mundo continua sendo dos homens, e a sociedade é cúmplice dessa realidade.
Denunciar tudo isso gera um tal índice de rejeição, que o rótulo surge de pronto: só pode ser uma feminista,

uma mulher feia, mal-amada, que odeia os homens, uma "sapatão"!!!

O mais surpreendente é constatar que a tentativa de reverter esse quadro gera reação entre as próprias mulheres. Principalmente daquelas que lograram alguma ascensão profissional. As que conseguiram atingir uma determinada posição olham com desdém e até com certa arrogância quem busca alertar para esses fatos. Parece que o discurso pela igualdade significa busca de privilégios. E o argumento que aflora é sempre o mesmo: se eu consegui, as outras mulheres não conseguem porque não querem!

Então, por medo do estigma, as mulheres se calam. Não se identificam nem admitem ser identificadas como "feministas". Preferem ser chamadas de "femininas", esquecendo tudo que ainda precisa ser construído para eliminar as distinções de gênero, e que nada tem a ver com as características anatômicas.

A estratificação social entre homens e mulheres apresenta reflexos severos. Até a lei os trata de forma diferenciada. Para a mantença da paz familiar, o Estado não interfere, não toma a iniciativa de punir as agressões às mulheres. Os delitos contra a liberdade sexual não são considerados crimes que ofendam uma pessoa. O bem merecedor de tutela é a mantença dos costumes sociais. Por isso, os crimes denominados "contra os costumes" dependem de representação da ofendida.

Tudo isso acaba por confirmar a posição de submissão que a sociedade insiste em impor à mulher. Essas diferenciações restam por hierarquizar as relações familiares. Posiciona-se o sexo masculino, pela sua força física, como protetor. Ao se reservar ao homem o mundo público, assume ele a condição de provedor, o que coloca a mulher em situação de inferioridade e dependência. Essa realidade a Justiça parece que faz questão de não ver.

Igualmente se desinteressa o Estado de punir as lesões corporais leves, delegando à vítima o encargo de desencadear a ação penal. Mas olvidam-se todos que as mulheres são as grandes vítimas desses crimes, perpetrados por maridos ou companheiros no recinto dos lares. No entanto, a instauração do inquérito policial depende da representação da vítima, sendo fator inibidor, fonte de medos e temores. A instituição de mais de uma instância de conciliação parece admitir como possível compensar ou eliminar o sofrimento mediante acordo. A entrega de cestas básicas simplesmente exclui a criminalidade, não ensejando sequer o registro de antecedentes, e... o crime desaparece!

Assim, a violência doméstica se pode chamar de crime invisível.

Mas, não só as leis privilegiam os homens, a Justiça também os protege.

A postura da Justiça não se distancia dos condicionamentos sociais. O agressor que é um bom pai de família raramente é punido. A dificuldade das mulheres em denunciar os crimes dos quais são vítimas é vista como masoquismo, chegando-se a afirmar que elas gostam de apanhar. De outro lado, a mulher que exerce sua sexualidade é desdenhosamente chamada de uma série de adjetivos que nem vale a pena declinar, pois todos os conhecem muito bem. Seu testemunho é desconsiderado, e as agressões que sofre simplesmente não são reconhecidas como delituosas.

Não se pode deixar de lembrar que a Justiça permitiu o surgimento de uma excludente de criminalidade que nunca figurou na lei: a legítima defesa da honra, que deu ensejo à absolvição de um sem-número de maridos traídos.

A postura protetiva do Judiciário chegou inclusive ao crime de estupro. Simplesmente começou a ser ignorado que se trata *sempre* de um crime hediondo. Aliás, esse foi o *slogan* da campanha desencadeada nacionalmente pelo movimento de mulheres: "O estupro é *sempre* um crime hediondo". Sem nenhuma justificativa, os juízes e tribunais passaram a afastar esse qualificativo, criando distinção sem qualquer respaldo legal. Somente se o estupro levasse à morte ou provocasse lesões corporais graves é que era reconhecido como crime hediondo.

Conversando sobre
Justiça e os crimes contra as mulheres

Presenciar esses fatos no dia-a-dia da atividade judicante despertou em mim um tal sentimento de revolta, que não hesitei em denunciá-los.

Sem medo de represálias ou perseguições, empunhei a bandeira pela igualdade no âmbito da Justiça.

Querer a punição do agressor doméstico, rebelar-me contra o reconhecimento da legítima defesa da honra, denunciar a desclassificação do estupro como crime hediondo, preconizar a descriminalização do aborto foram algumas das causas que abracei.

A consciência dessas responsabilidades é que me levou a escrever artigos, participar de debates, fazer palestras, comparecer à mídia. Enfim, sustentar meus pontos de vista de todas as formas e nos mais diversos lugares.

Todos esses meios, no entanto, não têm se mostrado suficientes.

Começou a haver, e em tal número, pedidos para que eu publicasse o que falava ou indicasse em que lugar se encontravam disponibilizados meus textos, que acabei reconhecendo a necessidade de trazê-los a público em forma de livros, divididos por eixos temáticos.

Essa é a razão deste trabalho. Trata-se de uma coletânea que reúne uma série de publicações sobre diferentes assuntos alvo de minhas inquietações ao longo de toda a vida profissional.

Dedico-o a todos que têm a mesma tônica na maneira de ver o Direito e igual ânsia pela justiça.

Cabe esclarecer que, como se trata de publicação de artigos escritos ao longo de uma vida, alguns dizem com fatos pretéritos ou legislação já não mais em vigor. Em face disso, foi feita a devida anotação em cada texto, a permitir o acompanhamento do raciocínio desenvolvido.

Igualmente o leitor vai se deparar com alguns temas recorrentes. É que, gerando o mesmo assunto desdobramentos distintos, todos eles acabaram inseridos na publicação.

Fazer da Justiça um instrumento eficaz na identificação dos crimes e punir de forma exemplar o culpado é a única forma de acabar com a consciência de impunidade.

Chega de os juízes serem rotulados de cúmplices da violência.

Preenchendo lacunas

O advento da nova ordem constitucional veio a excluir do sistema jurídico toda a legislação infraconstitucional que não se coadunava com o atual perfil do Estado. A não-recepção de um imenso número de normas existentes fez surgir vácuos na estrutura legal. Como a plenitude do sistema estatal não convive com vazios, a colmatação das lacunas é atribuída ao Poder Judiciário, por determinação do art. 4º da Lei de Introdução ao Código Civil. Identificada a omissão da lei, mesmo assim não pode o juiz eximir-se do dever de julgar. Falta de lei não quer dizer falta de direito. Não cabe se escudar o julgador na ausência ou na não-vigência de norma legal como justificativa para afirmar a inexistência do direito à tutela. Não pode o juiz se negar a dizer o direito, negar a jurisdição.

Ante determinada situação submetida a julgamento, o magistrado, ao esbarrar com dispositivos legais sem vigência, por afrontarem princípios constitucionais, deve reconhecer que está frente a um vazio legal. Como a ausência de lei não pode servir de justificativa para eximir-se o juiz do dever de julgar, o jeito é manejar os instrumentos alcançados pela própria lei para colmatar lacunas. A analogia, os princípios gerais do direito e os costumes são as ferramentas a serem usadas na busca da solução que mais se amolda à justiça.

Fazer analogia é buscar uma situação que tenha semelhança com outra, mas esse confronto não admite visões preconceituosas e discriminadoras. Os princípios norteadores do direito positivo estão na Constituição Federal, que prioriza a liberdade, a igualdade e o respeito à dignidade da pessoa humana. Os costumes a serem invocados são os vigentes na sociedade atual, e não os que vigoravam antigamente e consagravam valores hoje superados. Revelar o direito para solucionar o caso concreto é, com certeza, a função mais significativa do Judiciário. No entanto, para a concreção do direito, o juiz precisa ter os olhos voltados à realidade social. Mister que deixe de fazer sua toga de escudo para não enxergar a realidade, pois os que buscam a Justiça merecem ser julgados, e não punidos.

(Artigo publicado no *site* Espaço Vital Virtual. Disponível em: <http://www.espacovital.com.br/artigotoga.htm>. Acesso em: 06 jan. 2004; no *site* Advocacia Pasold e Associados. Disponível em: <http://www.advocaciapasold.com.br/publicacoes/publicacoes.html>. Acesso em: 06 jan. 2004; no *site* Estudando.com. Disponível em: <http://www.estudando.com/>. Acesso em: 06 jan. 2004; no *site* Jus Vigilantibus Disponível em: <http://www.jusvi.com/site/p_detalhe_artigo.asp?codigo= 1460>. Acesso em: 07 jan. 2004; no *site* Jurid Publicações Eletrônicas, disponível em: <https://secure.jurid.com.br/jurid/jurid.exe/carregahtml?arq=d;talhe.html&ID=960>. Acesso em: 08 jan. 2004; CD-ROM do Jurid 8.0 e JuridXP; Jornal Diário de Jacareí, Jacareí – SP, 07/01/2004, p. 2; Jornal O Estado do Paraná, Caderno Direito e Justiça, 11/01/2004, p. 11; Jornal Correio do Povo, Porto Alegre-RS, 13/01/2004, p. 4; Jornal Zero Hora, Porto Alegre-RS, 17/01/2004; no *site* Mundo Legal. Disponível em: <http://www.mundolegal.com.br/?FuseAction=Artigo>. Acesso em: 23 jan. 2004; no Jornal O Boto, Imbé – RS, 26/01/2004, p. 02; no *site* Página do advogado. Disponível em: <http://www.advogado.adv.br/artigos/2004/mariaberenicedias/preenchendolacunas.htm>. Acesso em: 30 jan. 2004; no jornal Condomínios em foco, Rio de Janeiro – RJ, n° 3, fev./mar. de 2004, p. 9 e no *site* Jurisn@uta.com.br. Disponível em: <http://www.jurisnauta.com.br/artigo.asp?id=751>. Acesso em: 24 mai. 2004).

Nem cega nem surda

Não mais serve para identificar a Justiça a imagem de uma mulher sentada, de olhos vendados, tendo em mãos uma balança e uma espada. Ainda que venha aumentando a participação feminina nos quadros da magistratura, tal ainda não se refletiu em julgamentos atentos às questões de gênero. Como a Justiça deve ser dinâmica, ágil e célere, descabe representá-la em posição inerte, comodamente sentada. A balança com seus pratos em equilíbrio de há muito não significa eqüidade, pois é imperioso o tratamento diferenciado de partes em situações desiguais. A espada, se visava a representar efetividade, traduz mais idéia de agressividade, não se compatibilizando com a postura socializante e sensível que deve ter o julgador.

Mas, se a Justiça não deve mais ser representada pela deusa Themis, igualmente descabe que continue sendo considerada também surda. Imperioso que ouça o clamor do povo, se aproxime dos jurisdicionados, atente na queixa das partes, se preocupe com a eficiência da atividade mais essencial ao cidadão. Urge, assim, a criação de uma Ouvidoria da Justiça, com a finalidade específica de buscar uma rápida prestação jurisdicional. Mister colocar à disposição de advogados, servidores e partes meios diversos para denúncias, sugestões e reclamações. Dada ciência ao reclamado do fato denunciado, disporia ele de prazo para responder, devendo comunicar a providência tomada e, oportunamente, a solução final. O desatendimento a tais determinações seria anotado na ficha funcional do serventuário ou magistrado, cabendo a instauração do processo administrativo, se fosse o caso. Além de dar uma resposta a cada reclamante, indispensável também a publicação mensal do relatório das atividades judiciais.

Deve a Ouvidoria ter acesso a todas as informações dos demais órgãos do Poder Judiciário, sendo-lhe disponibilizado o andamento dos processos em todas as comarcas, bem como dos recursos em tramitação no Tribunal, o que o atual estágio da informática permite acessar com facilidade. Também ficariam à sua disposição os dados referentes ao desempenho de cada magistrado. No exercício da atividade censória, poderia solicitar informações sobre as causas de retardamento de algum processo e buscar justificativas para o eventual acúmulo. Haveria a possibilidade de estabelecer metas, planos de trabalho, bem como implantar mecanismos para dinamizar o andamento dos feitos: regime de exceção, redistribuição de processos ou formação de equipe de magistrados para socorrer determinadas varas, comarcas ou câmaras.

O Ouvidor, para ocupar tal cargo, necessita conhecer o funcionamento da Justiça, mas não deve ser um integrante de seu quadro. Sua legitimidade deve vir do referendo dos magistrados, e sua independência deve ser assegurada pela investidura temporária. Talvez deva ser Desembargador aposentado, eleito por todos os magistrados, com mandato limitado e sem possibilidade de recondução.

É o próprio Poder Judiciário que deve buscar mecanismos visando a otimizar a distribuição da Justiça, já que a criação de um controle externo inquestionavelmente viria a fragilizar a independência da atividade jurisdicional e a comprometer a garantia maior de um estado democrático de direito: um julgamento atento à realização do Direito... só que precisa ser ágil!

(Artigo publicado no site Sipriano.com. Disponível em: <www.sipriano.com>. Acesso em: 13 mar. 2003; site Mundo Jurídico. Disponível em: <www.mundojuridico.adv.br>. Acesso em: 13 mar. 2003; Revista Jurídica da Universidade de Cuiabá – MT, n. 2, jul.dez./2002, p.

147-148; no *site* Fervo.com. Disponível em: <http://www.fervo.com.br/>. Acesso em: 13 mar. 2003; Jornal do Comércio, Porto Alegre – RS, 14-15-16/3/2003, p. 27; Boletim do IBDFAM, nº 19, mar-abr/2003, p. 08; Informativo ADCOAS, nº 58, abril/2003, p. 09; Jornal Correio do Povo, Porto Alegre – RS, 15/04/2003, p. 4; Jornal O Estado do Paraná, caderno Direito e Justiça, p. 1, 27/04/2003; Revista Justiça e Cidadania, nº 34, maio/2003, p. 16/17 e no *site* Estudando.com. Disponível em: <http://www.estudando.com/>. Acesso em: 15 set. 2003).

Violência e cidadania

Palestra proferida no Seminário Internacional Violência e Cidadania, promovido pela Secretaria da Justiça e da Segurança Pública do Estado do Rio Grande do Sul e pela Universidade Federal do Rio Grande do Sul, na cidade de Porto Alegre – RS, em 15/6/1998.

Todos sabem que a finalidade primordial do Estado é assegurar a paz social, para garantir a felicidade do cidadão. O atendimento dessa função tem por norte a Constituição Federal, que, consagrando princípios e garantias, indica as diretrizes da vida em sociedade. A ordem é estabelecida por regras jurídicas, a serem espontaneamente respeitadas por todos. Para assegurar o cumprimento da lei, são cominadas sanções em caso de inadimplemento.

Na hipótese de descumprimento dessas verdadeiras pautas de conduta, surge o dever do Estado de recompor a harmonia social, pois detém o monopólio da jurisdição, reservando-se a exclusividade da aplicação do Direito.

Ainda que, em escassas hipóteses, a lei delegue ao cidadão o direito de proteger-se, é vedada a justiça de mão própria. Não é autorizada a autotutela, havendo limitações à segurança privada. É proibida a prática de quaisquer atividades substitutivas divorciadas do aparato estatal.

Na busca de soluções para combater a maior chaga de nossa sociedade, a violência, descabido que se fique comodamente apontando as dificuldades existentes.

Dentro da clássica divisão dos Poderes, cada um deles deve garantir primordialmente a qualidade de vida do cidadão. Assim, é necessário definir competências e identificar responsabilidades para o desempenho do papel de garantidor da cidadania.

Cabe reclamar do Executivo que melhore a infra-estrutura material e humana das polícias, para assegurar um aparato apto a garantir a aplicação da lei penal. Quer mediante o aparelhamento dos órgãos encarregados da segurança pública, quer por meio da adequada estruturação dos estabelecimentos carcerários, mister que o aprisionamento possa atender à finalidade ressocializante dos apenados.

De outro lado, há que se promover por uma reforma legislativa, não se mostrando suficiente a mera exacerbação das penas, como forma de coibir a violência. Certamente, não é com a pena de morte ou com a severidade exagerada das leis penais ou por meio da supressão das garantias dos apenados que se vai exercer o controle social. A despropositada reação punitiva, que se verifica, por exemplo, nos chamados crimes hediondos ou na impossibilidade de concessão de fiança nos crimes contra a fauna, resta por constranger os magistrados, que, por vezes, relutam em sua aplicação e, para evitar medidas injustas, acabam por gerar decisões inclusive contrárias à lei.

Havendo a consciência de que a pena privativa de liberdade, como sanção principal, não leva à readaptação do delinqüente, é necessário encontrar soluções criativas, como a pena alternativa de prestação de serviços, com saliente caráter educativo. Imperiosa a generalização de medidas socioeducativas, como a liberdade assistida, que estão previstas exclusivamente no Estatuto da Criança e do Adolescente.

Finalmente, cabe exigir celeridade e eficiência do Judiciário, a evitar a impunidade pelo advento da prescrição. Mister atentar em um dado: 70% dos processos que tramitam na Justiça envolvem infrações penais de gravidade mínima. Tal dificulta um tratamento mais cuidadoso dos delitos de maior lesividade, impedindo a redução do prazo da instrução e a condenação em tempo mais abreviado, para tornar certa a punição.

A ausência de uma resposta imediata leva à certeza da impunidade e à descrença da população na repressão dos ilícitos, perpetrados cada vez com mais freqüência e maior violência. Mas não basta apontar falhas sem ver que, muitas vezes, os embaraços advêm do exacerbado formalismo da própria estrutura processual e da verdadeira sacralização do direito de defesa, como, por exemplo, a obrigatória suspensão do processo enquanto o réu se encontra foragido.

Por tudo isso, indispensável que se volte a sociedade à atividade de prevenção à criminalidade difusa, que tem levado ao incremento assustador da violência no meio social, em todos os seus níveis. Para essa importante missão, há que apelar ao cidadão, conscientizando-o de sua indelegável tarefa de não ser um agente multiplicador da violência.

É chagada a hora de erradicar a violência doméstica, acabando com o sentimento de superioridade masculina, decorrente do ranço preconceituoso da hierarquização da família. O reconhecimento da existência de um poder punitivo patriarcal chancela a agressão física à mulher e aos filhos.

Imperioso também conscientizar a sociedade da necessidade de sua efetiva participação, seja preservando o sigilo do comunicante, seja criando mecanismos que prestem informações, dêem orientações e tomem as providências necessárias de forma imediata a toda e qualquer denúncia.

Descabe considerar função privativa dos órgãos públicos a tutela dos valores primordiais da convivência humana, a ser levada a efeito exclusivamente pelo Estado, que se quer cada vez menos intervencionista.

Se, por um lado, a função punitiva em face do desrespeito à lei é monopólio estatal, sua prevenção compete ao cidadão. E é nessa sede que se há de conjugar as expressões *violência* e *cidadania* e vê-las como sinônimas, e não antônimas.

(Artigo publicado Jornal da Associação dos Juízes do Rio Grande do Sul - AJURIS, Porto Alegre - RS, nº 58, abril/2001, p. 06).

O Direito no limiar do novo século

O Poder Judiciário, como os demais Poderes constituídos, tem sido alvo de um grande desprestígio. A mídia não cansa de denunciar irregularidades, noticiar corrupções e levantar suspeitas contra tudo e todos.

A clássica divisão dos Poderes idealizada por Montesquieu embaralha-se no momento em que se defere ao Executivo o direito de legislar, como ocorre com a edição excessiva de medidas provisórias. Atribuir ao Legislativo a faculdade de instalar CPIs transforma-o em órgão julgador.

O que dizer a respeito do Poder Judiciário? Deseja-se reformá-lo, mas sem a sua participação. Fala-se em controle externo e súmula vinculante como remédios para a cura de todos os males. Esses males, no entanto, assolam a Justiça em todo o mundo. Deve-se diagnosticá-los, curá-los, preveni-los. Mas, querer impor a Lei da Mordaça, em conseqüência de uma CPI, que de forma espalhafatosa tentou macular a imagem de todo o Poder Judiciário, acaba por comprometer o último baluarte de credibilidade de que o cidadão necessita para ter a certeza da garantia de que vive em um estado democrático de direito.

O exacerbado aumento das demandas, que congestiona foros e tribunais, decorre da vitalidade da cidadania, incentivada pela Carta Constitucional, que despertou a consciência do direito de buscar e obter a inclusão social. À Justiça cabe fazer o seu papel. Não se pode dizer que se furta dessa missão. Ao invés de crise no Judiciário, é de reconhecer-se que a decantada morosidade não resulta da inércia ou da ineficiência de seus membros. Aí estão os Juizados Especiais, a Justiça Instantânea e mecanismos outros para a rápida solução dos conflitos. Porém, isso não basta. É preciso, também, reformar a estrutura do processo, agilizar os procedimentos legais e rever o sistema recursal.

O Direito redimensiona-se com a evolução da sociedade. Desdobram-se os direitos humanos em gerações. Passou-se dos direitos individuais para os direitos sociais, que exigem a participação ativa do Estado, chegando aos direitos de solidariedade, os nominados direitos de terceira geração. A criação de organismos supra-estatais dão relevo de forma mais saliente aos chamados direitos à cidadania. A internacionalização norteia as relações econômicas entre os povos.

Nesse panorama, é mister que se visualize o nascimento de uma nova Ciência do Direito. Indispensável que se deite um distinto olhar às relações jurídicas, atentando muito mais nos seus aspectos subjetivos do que na sua objetividade.

O surgimento de novos paradigmas leva à necessidade de rever os modelos preexistentes. A liberdade e a igualdade como pilares do Direito permitem o reconhecimento da existência das diferenças.

Essa nova sociedade, no entanto, ainda se encontra regida pelo Código Comercial, que data de 1850, e por um Código Penal editado em 1940, sendo que o Código Civil, que vige desde 1916, é alvo de uma reforma que já se arrasta há mais de um quarto de século.

Necessário que se resgate a crença na Justiça e se acredite em um Direito mais legítimo, mais sensível, mais voltado à realidade social. Certamente é nos ombros dos juízes que se depositam as esperanças de que se devolva a credibilidade às instituições do Estado.

No limiar deste novo século, em que se vive um momento de profundas transformações, é necessário pensar e repensar a relação entre o justo e o legal.

(Artigo publicado no Jornal do Comércio, 01/12/2000, p. 04, e no *site* Estudando.com. Disponível em: <http://www.estudando.com/>. Acesso em: 15 set. 2003).

É dever da jurisprudência inovar diante do novo

Palestra proferida no 1º Fórum Mundial de Juízes, integrando a programação do 2º Fórum Social Mundial, na cidade de Porto Alegre – RS, em 01.02..2002.

A lei não consegue acompanhar o desenvolvimento social cada vez mais acentuado. Dada a aceleração com que se transforma a sociedade, não tem o legislador condições de prever tudo que é digno de regramento.

As relações afetivas são as mais sensíveis à evolução dos valores e conceitos, escapando ao direito positivado. Acabam existindo lacunas, e compete ao Judiciário colmatá-las. Mas o juiz deve estar consciente de que as regras legais existentes não podem servir de limite à prestação jurisdicional.

Ante situações novas, a busca de subsídios em regras ditadas para outras relações jurídicas tende a soluções conservadoras. Por outro lado, não reconhecer direitos sob o fundamento de inexistir previsão legal, assim como usar normas editadas para situações outras ou em diverso contexto temporal, nada mais é do que mera negação de direitos.

O paradoxo entre o direito vigente e a realidade, o confronto entre o conservadorismo social e a emergência de novos valores colocam os operadores do Direito diante de um verdadeiro dilema para atender à necessidade de implementar os direitos de forma ampliativa.

Imperioso que a Justiça seja criativa, encontrando soluções que observem os ditames de ordem constitucional, de forma a assegurar o respeito à dignidade da pessoa humana, calcado nos princípios da liberdade e da igualdade. Se o fato *sub judice* se apresenta fora da normatização ordinária, uma resposta precisa ser encontrada, não só na analogia, nos costumes e nos princípios gerais de direito, como ordena a lei civil, mas principalmente nos direitos e garantias fundamentais, que servem de base ao estado democrático de direito.

Ante novas estruturas de convívio, é necessária uma revisão crítica e uma atenta reavaliação dos textos legais, para alcançar a tão decantada igualdade social. Nesse contexto, é fundamental a missão dos juízes. Mister que tomem consciência de que lhes é delegada a função de agentes transformadores dos valores jurídicos estigmatizantes que perpetuam o sistema de exclusão social. O que é aceito pelos tribunais como merecedor da tutela jurídica acaba recebendo a aceitação social, gerando a possibilidade de cobrar do legislador que regule as situações que a jurisprudência consolida.

O surgimento de novos paradigmas conduz à necessidade de rever os modelos preexistentes, atentando-se na liberdade e na igualdade. Esses princípios estão assentados no reconhecimento da existência do direito à diferença, o que torna imperioso pensar e repensar a relação entre o justo e o legal. Essa sensibilidade deve ter o magistrado. Necessita assegurar a plenitude dos direitos humanos, tanto subjetiva como objetivamente, tanto individual como socialmente.

Precisam os juízes enfrentar as novas realidades, não ter medo de fazer justiça, pois é dever da jurisprudência inovar diante do novo.

(Artigo publicado na Revista Digital, publicação *on-line* da agência de desenvolvimento Pólo-RS. Disponível em: <www.revistadigital.com.br>. Acesso em: 13 set. 2003; *site* Mundo Jurídico. Disponível em: <www.mundojuridico.adv.br>. Acesso em: 13 set. 2003; no *site* Estudando.com. Disponível em: <http://www.estudando.com/>. Acesso em: 15 set. 2003 e no *site* do Instituto de Estudos Jurídicos da ULBRA – Santa Maria. Disponível em: <http://www.iejulbra-sm.com/29artigo.html>. Acesso em: 30 out. 2003).

A nossa Justiça[1]

O Poder Judiciário deste País vem sendo exposto, nos últimos dias e nos mais diversos veículos de comunicação, a um verdadeiro massacre de opiniões e informações, no mais das vezes sob uma ótica negativa. São, em síntese, quatro as principais acusações: morosidade, corrupção, nepotismo e desnecessidade de algumas Justiças especiais.

Do elenco de fatos denunciados, que deram causa ao pedido de instalação de uma comissão parlamentar de inquérito, talvez nos caiba a acusação genérica de morosidade. No entanto, sabemos – e o plural se justifica por ser fato muitas vezes denunciado – que essa morosidade tem seu lastro em uma situação conjuntural: a falta de juízes ocasiona falta de motivação em abraçar uma carreira penosa e com baixo retorno remuneratório. A outra causa – razão básica da morosidade de que é acusada a Justiça – é estrutural. Diz com os trâmites procedimentais e as inesgotáveis possibilidades impugnativas. Recursos muitas vezes são utilizados impunemente com intuito meramente protelatório.

Porém, cabe aos magistrados gaúchos proclamar que há muito expurgamos o nepotismo de nossa Justiça. Somos o Judiciário mais espartano desta Nação. Seus membros não dispõem de veículos oficiais, motoristas ou seguranças. De outro lado, ocupamos o segundo lugar na lista dos magistrados mais mal remunerados do país. Não se tem notícia de favorecimento nos julgados, motivados seja por suborno, seja por amizades.

---

[1] Artigo alusivo à instalação da CPI do Judiciário, no ano de 1999.

Que erramos? Claro que todos podemos errar. Mas certamente não por vontade própria, não pela tentação pecuniária, não para agradar a quem quer que seja. Erramos por sermos humanos e, portanto, falíveis. Ainda bem que assim somos, pois uma sentença deve ser produto do equilíbrio da razão e da emoção, mas sempre derivada do sentimento de justiça.

Por tudo isso, não devemos ficar em uma posição defensiva. Indispensável que o Judiciário do Rio Grande do Sul tome algumas atitudes. Solicite ao Senador Antônio Carlos Magalhães que nos envie – se as possuir – as denúncias de eventuais irregularidades na Justiça de nosso Estado. De posse de tais elementos, vamos tomar a iniciativa de porceder às investigações a respeito das situações apontadas e disponibilizar os resultados, não só ao Senado, mas a toda a sociedade.

É ao povo que devemos dar satisfação de nosso proceder. Por isso, é necessário que façamos um amplo levantamento da situação de nossa Justiça, identificando eventuais problemas e ampliando a atividade corregedora, para buscar soluções imediatas. Indispensável, também, que se abram canais de comunicação, fazendo uma ampla divulgação das formas pelas quais qualquer jurisdicionado possa veicular suas eventuais queixas e insatisfações.

Nosso Judiciário não precisa se esconder, bem ao contrário, tem de procurar a luz, se expor. Acredito que poucas serão as causas de vergonha que possamos ter, mas certamente muito mais razões de orgulho de a ele pertencer.

(Artigo publicado no Jornal Zero Hora, 12/4/1999, p. 15; Jornal O Correio, de Cachoeira do Sul - RS, 17 e 18/4/1999, p. 02, e no *site* Estudando.com. Disponível em: <http://www.estudando.com/>. Acesso em: 15 set. 2003).

Paz para a infância no mundo

Palestra proferida na II Conferência Internacional de Direitos Humanos, organizada pelo Conselho Federal da Ordem dos Advogados do Brasil, em Teresina – PI, em 11 de outubro de 2003.

Significativa a mudança por que passou a sociedade brasileira.

No limiar do século passado, era acentuada a busca de preservação da família, que possuía um perfil patriarcal, hierarquizado e heterossexual. Eram reconhecidas exclusivamente as uniões ungidas pelo casamento, instituição indissolúvel, com função reprodutiva e nítido viés patrimonial.

Evitavam-se, a qualquer preço, interferências que comprometessem sua estrutura, o que levou à consagração de uma das maiores atrocidades cometidas contra crianças. Simplesmente a lei não permitia o reconhecimento dos filhos havidos fora dos sagrados laços do matrimônio. Eram chamados de espúrios os filhos incestuosos e os ilegítimos. O critério de identificação da legitimidade do filho decorria tão-só do fato de ele haver nascido dentro ou fora do casamento de seu pai com sua mãe. Ainda que ilegítimo não fosse o filho, mas a atitude do pai, por haver tido um relacionamento extramatrimonial, o único prejudicado era o filho. O homem que assim agia saía beneficiado, pois não lhe era atribuída qualquer responsabilidade ou obrigação para com o fruto de sua "aventura amorosa". O filho só podia ser reconhecido depois de haver cessado o vínculo de casamento de seu genitor. Enquanto isso, ele era somente "filho da mãe", expressão que adquiriu conotação pejorativa.

Com a evolução dos costumes, pluralizou-se o conceito de família. Quer pelas lutas feministas emancipatórias, quer pelo surgimento dos métodos contraceptivos e o advento do divórcio, deixou a família de ser reconhecida exclusivamente como uma relação fruto do casamento. No momento em que visualizou a Constituição Federal o afeto como elemento constitutivo de direitos, a família não tem mais um significado singular. Relativizou-se, enlaçando o conceito de entidade familiar tanto as uniões estáveis como as famílias monoparentais. Desse conceito aberto não se pode excluir as uniões formadas por pessoas do mesmo sexo, que passaram a ser chamadas de uniões homoafetivas.

Mudou o enfoque da família, sua própria conceituação, o que se refletiu nas relações de parentesco. Essa mudança de paradigma acabou emprestando também maior importância às crianças e adolescentes. A Carta Constitucional de 1988 foi o grande marco para o reconhecimento dos direitos humanos das crianças, ao introduzir a Doutrina da Proteção Integral no sistema jurídico pátrio. Por seu turno, o Estatuto da Criança e do Adolescente (Lei nº 8.069, de 1990), que veio regular os direitos assegurados pelo constituinte, é todo voltado ao melhor interesse de crianças e jovens.

Com a revolução na engenharia genética e o surgimento de modernos métodos de fecundação assistida, o sonho da filiação ficou ao alcance de todos. Não mais é preciso ter um par para se ter um filho. Assim, solteiros, pessoas com impossibilidade de procriar, casais homossexuais passaram a ver a possibilidade de serem pais.

Essa nova realidade vem aportando no Judiciário, na busca de definição das relações parentais. A Justiça precisou superar a supremacia da consangüinidade. A criança tornou-se sujeito de direito, ganhou uma dimensão maior. Não mais prevalece a verdade biológica, mas a verdade social, psíquica. Os aspectos éticos é que passaram a nortear tanto a identificação das relações familiares como a definição dos vínculos de parentalidade. Mais uma vez venceu o afeto. A presença do elo de afetividade, a posse do estado de filho é que veio a indicar quem é o pai, quem é a mãe.

Se a família é o espaço de realização e de segurança do ser humano, é na convivência familiar que se consolida sua formação. Esse núcleo há de ser preservado e mantido. O reconhecimento da necessidade de um lar torna imperioso pensar nas inúmeras crianças que esperam ansiosamente em instituições – verdadeiros depósitos de rejeitados – uma família que as abrigue, alguém que lhes queira, alguém para chamar de pai ou de mãe.

Dentro dessa nova perspectiva, é necessário revitalizar o instituto da adoção. Mas para isso urge agilizar o seu processamento, pois injustificáveis demoras subtraem a possibilidade de crianças com mais idade serem adotadas.

Mister desmistificar as adoções internacionais, abandonar a falsa crença de se estar fazendo tráfico de crianças, ou pior, venda de seus órgãos.

Talvez o mais importante seja dessacralizar o mito da maternidade, para que a adoção deixe de ser vista como uma forma de encobrir um "defeito", uma "falha", isto é, a impossibilidade de alguém ter filho. Por isso, todos procuram adotar alguém que seja a sua imagem e semelhança. Tem que ter a mesma cor de pele, de olhos, de cabelos, as mesmas características físicas, para que ninguém saiba que ele não é seu filho, que os pais não atenderam ao dogma: crescei e multiplicai-vos.

Imperioso também que se aceite, sem discriminação, sem preconceito, a possibilidade de casais de *gays* e lésbicas adotarem crianças, sejam filhos de um deles, sejam filhos de outros, sejam filhos concebidos por vontade de ambos por meio das modernas técnicas de reprodução assistida.

Quando todas as crianças tiverem um lar, um lar que não precisa copiar o modelo da sagrada família, quando a sociedade aprender a conviver com as diferenças, viveremos em um mundo mais feliz. Com certeza esse é o caminho, um belo caminho para assegurar proteção e garantir paz às crianças do mundo.

(Artigo publicado no *site* Fórum On Line. Disponível em: <http://www.forumonline.com.br/artigos/artigo.asp?sid=1109742& artigo=157&categ=30&pag=1&pagart=1&totpag=1>. Acesso em: 02 dez. 2003).

A discriminação sob a ótica do Direito

Sumário: 1. A primazia do cidadão; 2. O direito e suas gerações; 3. O perfil familiar convencional; 4. O panorama social atual; 5. A Justiça frente aos direitos não-legislados; 6. A responsabilidade da função judicial.

1. A primazia do cidadão

O mundo está cada vez menor. Os efeitos da globalização e a evolução tecnológica permitem saber instantaneamente o que ocorre em qualquer lugar. Basta lembrar que o mundo presenciou, em tempo real, a queda das Torres do World Trade Center. Esse mundo, agora chamado de aldeia global, vive em plena "era dos direitos", para usar a expressão de Norberto Bobbio.[2] Nunca se falou tanto em direitos fundamentais, direitos humanos, universalização de direitos.

Decanta-se, em todos os quadrantes do planeta, a necessidade do respeito aos direitos humanos, cuja violação gera retaliações e severas sanções por parte de organismos internacionais. A Constituição Federal elegeu o respeito à dignidade humana como seu dogma maior, com arrimo nos princípios da igualdade e da liberdade.

Por tudo que se diz, por tudo que se proclama e defende, dever-se-ia estar vivendo a época de maior plenitude do indivíduo, pois se encontra aureolado por uma gama de direitos e garantias. Mister que o Estado, que se quer Democrático de Direito, esteja dotado de mecanismos ágeis e eficazes para preservar o cidadão.

---
[2] BOBBIO, Norberto. *A Era dos Direitos*. Rio de Janeiro: Campus, 1992.

Assim, as instituições sociais, cada vez mais imbuídas da necessidade de proteger o indivíduo e a própria sociedade, devem tomar consciência da necessidade de participar do processo de "humanização da humanidade".

2. O direito e suas gerações

Em 26 de agosto de 1789, na França, foi editada a mais famosa declaração de direitos, a denominada "Declaração dos Direitos do Homem e do Cidadão". O movimento feminista logrou substituir dita nomenclatura para "Declaração dos Direitos Humanos".

O uso da expressão "declaração" evidencia que os direitos enunciados não são criados ou instituídos, são meramente "declarados", por se tratar de direitos preexistentes, que derivam da própria natureza humana. Daí serem direitos naturais, abstratos e universais.

Os direitos fundamentais, chamados de direitos individuais, configuram a primeira geração de direitos. Têm como tônica a preservação da liberdade individual. Caracterizam-se como imposição de limites ao Estado, gerando simples obrigação de não-fazer. Buscam libertar todos e cada um do absolutismo de um ou de alguns sobre todos. Originariamente, no plano político, surgiram para livrar o povo do absolutismo do monarca e seus agentes. A liberdade individual irrestrita só pode ser limitada pela lei, expressão da vontade geral, exclusivamente em função do interesse comum. Daí serem identificados os direitos da primeira geração com a busca da liberdade.

Os direitos econômicos, sociais e culturais, positivados a partir da Constituição de Weimar, de 1919, são tidos como de segunda geração. Cobram atitudes positivas do Estado, verdadeiras obrigações de fazer, com a finalidade de promover a igualdade. Não a mera igualdade formal de todos frente à lei, mas a igualdade material de oportunidades, ações e resultados entre partes ou categorias sociais desiguais. Buscam proteger e favorecer juridicamente os hipossuficientes em relações sociais específicas. Tais direitos parciais garantem uma prestação diferenciada do Estado a determinados indivíduos, a fim de promover a igualdade social e igualar os desiguais. Voltada para as relações sociais, em que a desigualdade se acentua por um fator econômico, físico ou de qualquer outra natureza, a segunda geração identifica-se com o direito à igualdade.

Os direitos de terceira geração sobrevieram à Segunda Guerra Mundial, reagindo aos extermínios em massa da humanidade praticados na primeira metade do Século XX tanto por regimes totalitários (stalinismo, nazismo) como democráticos (destruição de cidades indefesas, até por bombas atômicas). Na medida em que o gênero humano se mostrou técnica e moralmente capaz de se autodestruir, voltaram-se os olhos às relações sociais em geral, não para garantir indivíduo contra indivíduo, mas a humanidade contra a própria humanidade. Tal suscitou a solidariedade de todos os indivíduos e categorias da sociedade diante de uma possível extinção da humanidade, seja gradativamente, por degradação dos meios necessários à vida humana, seja sumariamente, pela abrupta supressão das condições de sobrevivência.

Nesse momento, os direitos humanos internacionalizaram-se. A soberania estatal restou delimitada por meio da criação de sistemas normativos supranacionais com o fim de preservar os direitos humanos e reconstruir paradigmas éticos para restaurar o respeito à dignidade da pessoa humana. Surgiram os direitos difusos de toda a humanidade. No processo de socialização do estado contemporâneo, a evolução do estado liberal para o estado social de direito fez imperiosa a conscientização de todos da indispensável participação ativa de cada um. Não mais cabe aguardar a iniciativa dos governantes ou lhes delegar com exclusividade o encargo de assegurar a função social dos direitos humanos. É dever de todos e de cada um perante cada um e perante todos.

Com tal passo, cuja concreção ainda falta ser atingida, a evolução dos direitos humanos atinge o seu ápice, a sua plenitude subjetiva e objetiva. São direitos humanos plenos, de todos os sujeitos contra todos os sujeitos, para proteger tudo que condiciona a vida humana. Trata-se da fixação de valores ou bens humanos, como patrimônio da humanidade, que garantam a existência com a dignidade que lhe é própria.

3. O perfil familiar convencional

Apesar de todos os dogmas, princípios e regras que buscam assegurar a primazia dos direitos humanos, a sociedade, em nome da preservação da moral e dos bons costumes, impõe padrões de comportamento restritos. Com seu perfil nitidamente conservador, cultua valores absolutamente estigmatizantes, insistindo em repetir o modelo posto.

Tal postura gera um sistema de exclusões baseado muitas vezes em meros preconceitos. Tudo que se situa fora do estereótipo acaba sendo rotulado de "anormal", ou seja, fora da normalidade. O que não se encaixa nos padrões aceitos pela maioria é apontado como uma afronta à moral e aos bons costumes. Essa visão polarizada é extremamente limitante.

Não se pode esquecer o que a sociedade fez com o negro: em face de sua cor, tornou-o escravo. Também as mulheres foram – e ainda são – alvo de discriminações. Só em 1932 adquiriram a cidadania, e até 1962 se tornavam relativamente capazes ao casar. Também os filhos, até 1988, tinham direitos limitados, sendo rotulados por expressões ultrajantes pela singela circunstância de haverem sido concebidos fora do casamento de seus pais.

Principalmente no âmbito das relações familiares, evidencia-se a tendência de formatar os vínculos afetivos segundo os valores culturais dominantes em cada época. Por influência da religião, o Estado limitou o exercício da sexualidade ao casamento, instituição indissolúvel que regula não só as seqüelas de ordem patrimonial, mas a própria postura dos cônjuges, impondo-lhes deveres e assegurando direitos de natureza pessoal, chegando ao ponto de invadir a privacidade do lar.

Conversando sobre
Justiça e os crimes contra as mulheres

A união que nasce por vontade dos nubentes é mantida após a solenização do matrimônio independente e até contra a vontade dos cônjuges. Mesmo com o advento da Lei do Divórcio, ainda que haja o consenso do casal, somente é deferida a separação ou o divórcio após o decurso de determinado prazo. Caso contrário, é necessária a identificação de um culpado, o qual, no entanto, não pode tomar a iniciativa do processo. Tudo isso evidencia a intenção de dificultar o fim do casamento e punir quem simplesmente quer dele se desvencilhar.

A família consagrada pela lei – a sagrada família – é matrimonializada, patriarcal, patrimonializada, indissolúvel, hierarquizada e heterossexual. Pelas regras do Código Civil,[3] os relacionamentos que fugissem ao molde legal, além de não adquirir visibilidade, estavam sujeitos a severas sanções. Chamados de marginais, nunca foram reconhecidos como família. Primeiro se procurou identificar os vínculos afetivos extramatrimoniais com uma relação de natureza trabalhista, e só se via labor onde existia amor. Depois, a jurisprudência passou a permitir a partição do patrimônio, considerando uma sociedade de fato o que nada mais era do que uma sociedade de afeto.

Mesmo quando a própria Constituição Federal albergou no conceito de entidade familiar o que chamou de "união estável", resistiram os juízes a inserir o instituto no âmbito do Direito de Família, mantendo-o no campo do Direito das Obrigações. A dificuldade de as relações extraconjugais serem identificadas como verdadeiras famílias revela a sacralização do conceito de família. Ainda que inexista qualquer diferença estrutural com os relacionamentos oficializados, nem sequer se faz uso da analogia, mecanismo que a lei disponibiliza como forma de colmatar as lacunas da lei. A negativa sistemática de estender a esses novos arranjos os regramentos do direito familial mostra-se como uma tentativa

---

[3] A referência é ao Código Civil de 1916.

de preservação da instituição da família dentro dos padrões convencionais.

4. O panorama social atual

O distanciamento do Estado em relação à Igreja (fenômeno chamado de laicização), bem como a quebra da ideologia patriarcal trouxeram como conseqüência a liberação dos costumes. A chamada revolução feminina, fruto tanto do movimento feminista como do aparecimento dos métodos contraceptivos, e a evolução da engenharia genética (que gerou formas reprodutivas independentes de contatos sexuais) acabaram por redimensionar o próprio conceito de família.

No contexto atual, não mais se pode identificar como família apenas a relação entre um homem e uma mulher ungidos pelos sagrados laços do matrimônio. Rompidos os paradigmas identificadores da família, que se esteavam na tríade casamento, sexo e reprodução, necessário buscar um novo conceito de entidade familiar.

A família não se restringe ao relacionamento com o selo do casamento. A Justiça, ao emprestar juridicidade ao que era chamado de concubinato, impôs ao constituinte o alargamento do conceito de entidade familiar. Tal mudança de paradigma faz com que se reconheça que a pedra de toque para a identificação de um elo de natureza familiar é a presença de um vínculo afetivo.

No momento em que se enlaça no conceito de família, além dos relacionamentos decorrentes do casamento, também o que a Constituição Federal chamou de uniões estáveis e as famílias monoparentais, mister albergar mais um gênero de vínculos afetivos. As relações homossexuais – hoje chamadas de uniões homoafetivas – merecem ser inseridas no âmbito do Direito de Família.

5. A Justiça frente aos direitos não-legislados

A sociedade, no momento em que se estrutura, para a concreção de seus fins, ou seja, promover o bem comum, outorga a um Poder o encargo de fazer justiça.

Segundo Mauro Cappelletti,[4] o que se deve garantir não é mera forma de acesso à justiça, mas, sim, o acesso a uma ordem jurídica justa.

Mas, a quem questionar se o Poder Judiciário se desincumbe do dever de dar a cada um o que é seu, a resposta negativa se impõe. No próprio âmbito da jurisdição, os mais comezinhos direitos humanos são violados. A lei não consegue acompanhar o acentuado desenvolvimento econômico, político e social dos dias de hoje, não tendo condições de seu arcabouço prever todos os fatos sociais dignos de regramento. Os vínculos interpessoais são os mais sensíveis à evolução dos costumes, à mudança de valores e dos conceitos de moral e de pudor. Dada a aceleração com que ocorrem, escapam da legislação tradicional.

Em face das lacunas que acabam ocorrendo, o magistrado precisa atentar em que as regras legais existentes não podem servir de limites à prestação jurisdicional. Quando o fato *sub judice* não está previsto na normatização ordinária, a resposta precisa ser encontrada nos direitos fundamentais que cada vez mais vêm buscando guarida nas Constituições. Não se trata de forma alternativa de se fazer justiça, mas de encontrar uma solução que atenda aos ditames de ordem constitucional.

Imperioso que as interpretações dos juízes sejam criativas.

Ante situações novas, buscar subsídios em regras ditadas para relações jurídicas diversas tende a uma solução conservadora. Mas, tanto não reconhecer direitos sob o fundamento de inexistir previsão legal, como fazer uso de referenciais normatizados para situações outras e em diverso contexto temporal, nada mais é do que mera negação de direitos. Assim, é um dever da jurisprudência inovar diante do novo.

O surgimento de novos paradigmas leva à necessidade de rever os modelos preexistentes, atentando-se na

---

[4] CAPPELLETTI, Mauro. *Acesso à Justiça*. Porto Alegre: Sergio Antonio Fabris, 1888.

liberdade e na igualdade, pilares da democracia, que estão calcados muito mais no reconhecimento da existência das diferenças. Essa sensibilidade deve ter o magistrado. Tomando como norte a necessidade de assegurar os direitos humanos em sua plenitude subjetiva e objetiva, individual e social, imperioso pensar e repensar a relação entre o justo e o legal. Precisam os juízes arrostar as novas realidades que lhes são postas à decisão e não ter medo de fazer justiça.

6. A responsabilidade da função judicial

O paradoxo entre o direito vigente e a realidade existente, o confronto entre o conservadorismo social e a emergência de novos valores e novas estruturas de convívio colocam os operadores do Direito diante de um verdadeiro dilema, em face da necessidade de implementação dos direitos de forma ampliativa.

A sociedade que se proclama defensora da igualdade é a mesma que ainda mantém uma posição discriminatória nas questões de gênero. Em decorrência de uma visão estereotipada da mulher, exige-lhe uma atitude de recato, sendo feita uma avaliação comportamental dentro de requisitos de adequação a determinados papéis sociais. Ainda se vislumbra nos julgados uma postura eminentemente protecionista, que dispõe de uma dupla moralidade. Aparecem com freqüência os termos "inocência da mulher", "conduta desregrada", "perversidade", "comportamento extravagante", "vida dissoluta", "situação moralmente irregular", adjetivações essas ligadas exclusivamente ao exercício da sexualidade. Esses questionamentos jamais foram feitos em relação ao homem. Portanto, são expressões que guardam uma forte carga ideológica que desconsidera a liberdade da mulher.

Também nítida é a rejeição social à livre orientação sexual. A homossexualidade existe e sempre existiu, mas é marcada por um estigma social. É renegada à marginalidade por se afastar dos padrões de comportamento tidos por "normais". Tal postura homofóbica decorre de mero preconceito que leva à inaceitação dos relacionamentos homossexuais, sendo considerados uma afronta à moral e aos bons costumes. Porém, é discriminatório afastar a possibilidade de reconhecimento das uniões estáveis homossexuais. Trata-se de uma união que surge de um vínculo afetivo e gera um enlaçamento de vidas com desdobramentos de caráter pessoal e patrimonial, estando a reclamar regramento jurídico.

Assim, ante a atual posição do homem e da mulher e as novas estruturações familiares, necessária uma revisão crítica e uma atenta avaliação valorativa do fenômeno social, para que se implemente a tão decantada igualdade.

Nesse contexto, é fundamental a missão dos operadores do Direito, que necessitam tomar consciência de que a eles está delegada a função de agentes transformadores dos valores estigmatizantes que levam ao preconceito.

Na trilha do que venha a ser aceito pelos tribunais, como merecedor de tutela, acaba ocorrendo a aceitação social, a gerar, por conseqüência, a possibilidade de se cobrar do legislador que regule as situações que a jurisprudência consolida.

Uma sociedade que se quer justa, livre, solidária, fraterna e democrática não pode viver com cruéis discriminações, quando a palavra de ordem é a cidadania e a inclusão dos excluídos. Para cumprir esse lema, é fundamental a atuação dos juízes, que necessitam tomar consciência de que o estado de direito não é um simples estado de legalidade, e a verdadeira justiça não é meramente formal.

(Publicado na Revista Brasileira de Direito de Família, nº 13, abr-mai-jun/2002, p. 05/12; *site* Mundo Jurídico. Disponível em: <www.mundojuridico.adv.br>. Acesso em: 10 jun. 2003; CD-ROM Juris Síntese Millennium, Síntese Publicações, maio – junho/2003; CD-ROM da Revista Brasileira de Direito de Família, Editora Síntese, nº 4 e no *site* Instituto de Estudos Jurídicos da ULBRA – Santa Maria. Disponível em: <http://www.iejulbra-sm.com/7artigo.html.> Acesso em: 30 out. 2003).

A Justiça gaúcha

Gaúcho tem fama de "machão", muito mais pelas suas lides campesinas, que o colocam no lombo de um cavalo e lhe exigem força física no trato com os rebanhos, do que por uma postura machista. Tanto que chama sua mulher de "prenda", o que tem o significado de "presente", lembrando sempre algo prazeroso.

Mesmo que pelas suas vestes o gaúcho tenha uma aparência rude e sua maneira de falar venda a imagem de alguém forte e superior, esse quadro não o distingue dos homens do resto do País e quiçá do mundo. O fato é que todos os homens ainda nutrem um sentimento de superioridade com relação à mulher. Com um viés patriarcal, os vínculos familiares mantêm-se hierarquizados em todos os lugares e épocas. A verticalização da família acaba, com facilidade, descambando para a falta de respeito, o que deságua muitas vezes na violência, mal maior que vitimiza as mulheres, não só as brasileiras, mas as mulheres de todo o Planeta.

Mas dividir fronteiras com países culturados – fenômeno que só ocorre no Sul do Brasil –, aliado à nossa saga de caudilhos e revolucionários, ao certo gerou maior consciência política e sensibilidade social, traço diferenciador que acaba se revelando até no Poder Judiciário. Distingue-se a Justiça sul-rio-grandense por decisões arrojadas e pioneiras, servindo de modelo para o resto do País e vincando novos rumos à própria sociedade, que recebe a orientação jurisprudencial como verdadeiras normas de conduta, a serem aceitas e seguidas.

Não é coincidência haver surgido aqui – e isso em 1964 – a primeira decisão que deferiu direitos às relações extramatrimoniais, o que acabou mudando os rumos da jurisprudência nacional. Tanto que a Constituição Federal de 1988 restou por reconhecer o concubinato como uma entidade familiar, chamando-a de união estável. Também é do Sul a decisão pioneira a deferir *status* de família a essas relações, mesmo antes da legislação regulamentadora, que surgiu somente anos depois. Assim, não causa estranheza advirem do Rio Grande as decisões que enlaçam no conceito de família as uniões homossexuais, quer reconhecendo a competência das Varas de Família, quer deferindo aos companheiros do mesmo sexo direito à pensão previdenciária, quer garantindo a possibilidade de casamento entre transexuais.

É imperioso que a Justiça assuma sua função de demarcar os novos rumos de uma sociedade em que deve imperar a supremacia dos direitos humanos. Abrir mão de preconceitos e derrubar tabus mostra uma postura arrojada e destemida, bem ao feitio da imagem do gaúcho.

(Artigo publicado no Jornal Correio do Povo, Porto Alegre – RS, 04/8/2000, p. 04, e no *site* Estudando.com. Disponível em: <http://www.estudando.com/>. Acesso em: 15 set. 2003).

A mulher é vítima da Justiça

Sumário: 1. Panorama atual; 2. Fenômeno social; 3. Posturas judiciais; 4. Legislação discriminatória; 5. Legítima defesa da honra; 6. Delitos privilegiados; 7. Delitos domésticos.

1. Panorama atual

Reformas fundamentais nos campos civil, político, econômico e social sustentam o movimento de mulheres, que vem adquirindo uma força cada vez mais expressiva. Além de proclamar a necessidade do reconhecimento do direito à igualdade, a luta feminista denuncia a discriminação e a violência doméstica, que se retrata no expressivo número de assassinatos, espancamentos e estupro de mulheres perpetrados por maridos ou companheiros.

Ainda assim, muitas mulheres nem chegam a ter consciência de seus direitos, e, quando têm, o descrédito na Polícia e na Justiça as inibe de denunciar a violência da qual são vítimas. Normalmente só vão às delegacias quando já não agüentam mais apanhar ou temem pela própria vida. Sempre há uma certa relutância em registrar a queixa, principalmente quando as vítimas têm filhos e são dependentes economicamente dos parceiros. Ao depois, há o medo de não terem para onde ir. Voltando para casa, se sujeitam ao risco de uma reação muito mais violenta do marido ou companheiro ao saber da denúncia levada a efeito.

Mesmo vencida a resistência inicial e feito o registro da ocorrência, passada a raiva e esquecida a dor, há a reconciliação. Com o pedido de perdão e a promessa de que "as coisas vão melhorar", há a tentativa para que não se desenvolva o processo. Buscam as mulheres "retirar a queixa". A essa manifestação se curva o Estado, não prosseguindo com a investigação. Tal postura revela a conivência da Justiça com a agressão. No interesse da própria sociedade, é necessário que persista a punição do culpado, pois essa é a única forma de reverter a situação que se encontra estratificada.

2. Fenômeno social

Na sociedade ocidental, existe um modelo preestabelecido de conduta. Ao homem cabe o espaço público e à mulher, o espaço privado, nos limites da família e do lar. As mulheres recebem educação diferenciada, pois necessitam ser mais controladas, mais limitadas em suas aspirações e desejos. Isso enseja a formação de dois mundos: um, de dominação, externo, produtor; outro, de submissão, interno e reprodutor. A essa distinção estão associados os papéis ideais de homens e mulheres: ele provendo a família e ela cuidando do lar, cada um desempenhando a sua função.

Os padrões de comportamento distintos instituídos para homens e mulheres levam à geração de um verdadeiro código de honra. A sociedade outorga ao macho a atitude paternalista, que leva à fragilização da fêmea. Ambos os universos, ativo e passivo, acham-se carentes de proteção, sendo que ao autoritarismo de um corresponde o modelo de submissão do outro.

A redefinição desse modelo ideal de família levou a mulher para fora do lar e impôs ao homem a necessidade de assumir responsabilidades dentro de casa. Dito embaralhamento de comportamentos provocou o afastamento do parâmetro preexistente, gerando um clima propício ao surgimento de conflitos. A violência justifica-se como forma de compensar possíveis falhas no cumprimento dos papéis de gênero. Quando um não está satisfeito com a atuação do outro, surge a guerra dos sexos. Cada um usa suas armas: músculos e lágrimas. As mulheres levam a pior, tornam-se vítimas da violência masculina e só têm como arma a queixa. A passividade da mulher coaduna-se com o perfil da vítima, mas a queixa se mostra necessária para mostrar a terceiros o seu infortúnio.

3. Posturas judiciais

Diante das situações de violência familiar, a Justiça não trabalha com fatos, mas com representações sociais. Os operadores do Direito não apreciam só o comportamento do agressor no momento do crime. É investigada a vida dos envolvidos. Os estereótipos dos protagonistas são elementos decisivos para o resultado do processo. Se o varão corresponde ao papel ideal de bom pai de família, e a vítima não é uma fiel dona-de-casa, seguramente o agressor será absolvido.

São condenados maridos ou companheiros que têm evidência de alcoolismo, vício em drogas ou um passado de abuso doméstico. O perfil dos absolvidos é o oposto: réus primários, trabalhadores, carinhosos e maridos exemplares. Assim, o homem que era um bom pai de família e matou a mulher que lhe era infiel certamente será absolvido. No entanto, nem sempre a boa esposa que matou o mau marido para defender a si e aos filhos das agressões que sofriam é absolvida.

Não há como negar que a Justiça tem uma certa condescendência para com os réus, sempre entrando em linha de questionamento a atitude da vítima, como sendo o móvel dos fatos. No entanto, perquirir o comportamento moral da mulher pode levar a um resultado surpreendente: reconhecer que ela provocou o crime, sendo culpada pela própria sorte.

Todas essas circunstâncias evidenciam que as mulheres são vítimas dos tribunais brasileiros, já que os processos sofrem a influência de normas sociais permeadas de preconceito de gênero.

4. Legislação discriminatória

É necessário reconhecer que parte do problema está na própria legislação.

Conversando sobre
Justiça e os crimes contra as mulheres

O fato de os delitos sexuais serem considerados crimes contra os costumes, e não crimes contra a pessoa, evidencia que a objetividade jurídica protegida é a sociedade, como se a parte ofendida fosse o ente social, e não a mulher.

O estupro, ainda que pertencente à categoria de crime hediondo, é classificado como crime de ação privada. A abertura do processo depende de provocação da vítima, deixando a punição de ser uma obrigação do Estado. Ademais, normalmente se exige evidência de lesões corporais, questionando-se se de fato houve resistência. A vítima que se afasta dos padrões de castidade é tratada como leviana e permissiva, tornando-se muito difícil a condenação quando são estupradas prostitutas ou pessoas que têm uma vida sexual liberada.

O estupro praticado pelo marido normalmente não é denunciado, sendo visto como cobrança de obrigação conjugal, uma vez que a recusa em manter relações sexuais é considerada como causa para separação. Muitas vezes, as esposas, mesmo obrigadas à conjunção carnal, consideram ser essa uma obrigação matrimonial, a desestimular denúncias de agressão.

Com exceção do estupro, as demais ofensas só são consideradas crimes se a mulher for honesta ou virgem, o que leva a investigar-se o passado da vítima. Quem não corresponder a esse perfil é acusada de ter permitido o ato.

5. Legítima defesa da honra

O STJ, em 11 de março de 1991, acolheu recurso do Ministério Público remetendo a novo julgamento João Lopes pela morte de sua mulher e seu amante, surpreendidos em um motel na cidade de Apucarana, no Paraná. No acórdão foi dito que: *O homicídio não pode ser encarado como meio normal e legítimo de reação contra adultério, pois nesse tipo de crime o que se defende não é a honra, mas a autovalia, a jactância, o orgulho do senhor que vê a mulher como propriedade sua (...) A honra é um atributo pessoal, e o adultério de uma mulher não ofende a honra do marido.*

Ainda assim, no segundo julgamento, novamente foi o réu absolvido.

O argumento extralegal da legítima defesa da honra, que vem servindo como causa de absolvição, revela uma atitude preconceituosa contra as mulheres. O fundamento é que, se alguém pode defender a sua vida, também pode defender a vida interior, ou seja, a sua honra, reconhecida como razão de viver. Esse argumento, no entanto, é falacioso, deixando evidenciado que sua justificativa é ser a mulher propriedade do marido, ser a ele subordinada. Assim, qualquer atitude fora das regras conjugais prescritas consiste em ofensa à honra do cônjuge. A mera suposição de adultério, o desejo pela separação ou a simples negativa de relações sexuais são classificados como legítima defesa da honra para embasar pedidos de absolvição.

Quando se trata de delitos sexuais, não se atenta em que um dos elementos da legítima defesa é a existência de ameaça presente ou iminente. Ainda quando os crimes são premeditados, acaba-se por admitir a presença da excludente. Sem maior atenção aos fatos, reconhece-se desrespeito à moral do marido. Tal argumento tem levado à absolvição dos maridos assassinos.

Até parece que a paixão só surge ante a hipótese de um adultério.

6. Delitos privilegiados

Outra forma de privilegiar os delitos cometidos contra a mulher é aceitar a exceção legal da violenta emoção causada por provocação injusta da vítima. Em caso de homicídio, essa atenuante leva à redução da pena de 12 a 30 anos para de 1 a 6 anos. É reconhecido como crime passional o provocado por uma emoção tão forte, que o acusado experimenta uma insanidade momentânea. Usa-se esse argumento para exculpar maridos que matam as mulheres por mera suspeita de infidelidade. É admitida essa desclassificação sem atentar em que o fato de a vítima e o agressor serem casados é circunstância agravante.

Conversando sobre
Justiça e os crimes contra as mulheres

Para o reconhecimento de tal causa minorante da pena, é necessário que a prática do delito tenha sido motivada por violenta emoção imediatamente após a provocação da vítima. Porém, com facilidade se reconhece essa circunstância em caso de delito premeditado, e ainda sem nenhuma prova de ter havido provocação da vítima. Às vezes, mero pedido de pensão leva ao crime, sendo aceito tal fato como provocação da vítima. Assim, privilegiar o delito com o abrandamento da pena por reconhecimento da circunstância privilegiadora é postura carregada de discriminação.

Há uma tendência do sistema judiciário brasileiro de reduzir a gravidade da acusação formal dos agressores de mulheres, tipificando-se delitos que têm penas mais brandas. Com maior facilidade se classifica o fato como lesão corporal, quando se trata de tentativa de homicídio. Igualmente se dá pouca credibilidade à versão da vítima. A mantença de relações extramatrimoniais é considerada como comportamento moral inadequado, configurando maus antecedentes.

7. Delitos domésticos

A Lei nº 9.099, de 26/9/95, que criou os Juizados Especiais Criminais, instituiu uma Justiça consensual, possibilitando a aplicação de pena mesmo antes do oferecimento da acusação e ainda antes da discussão da culpabilidade. As medidas de despenalização, bem como a adoção de um rito sumaríssimo buscaram a agilização no julgamento dos delitos de pequena potencialidade ofensiva, para permitir o desafogamento da Justiça.

Ainda que se tenha de reconhecer uma consciente tentativa do legislador de acabar com a impunidade – causa maior da criminalidade –, deixou de ser priorizada a pessoa humana. Abandonou-se a preservação da vida e da integridade física. Ao condicionar a ação penal à representação nos delitos de lesões corporais leves e lesões culposas, omite-se o Estado de sua obrigação de punir. Transmite à vítima a iniciativa de buscar a apenação de seu agressor, segundo critério subjetivo de conveniência. Passaram a ser consideradas como infrações menores as que afetam a pessoa. Porém, persiste o Estado com o monopólio de punir os delitos contra o patrimônio, pois esses continuam desencadeando ação pública incondicionada.

Olvidou-se o legislador de atentar nas hipóteses em que existe um desequilíbrio entre agressor e agredido, uma hierarquização entre ambos. A punição, nesses casos, certamente não ocorre. Não há como exigir que o desprotegido, o hipossuficiente, o subalterno venha a formalizar queixa contra o seu agressor. Dentro dessa categoria, não se pode deixar de enquadrar a mulher, a criança e o adolescente, sendo que os delitos contra eles, em sua maciça maioria, são praticados por maridos, companheiros ou pais. Como são pessoas com quem as vítimas convivem e mantêm uma relação de afeto, a denúncia é mais difícil.

Persistindo a ideologia patriarcal, o homem considera-se proprietário do corpo e da vontade da mulher e dos seus filhos. O medo, a dependência econômica, o sentimento de inferioridade, a baixa auto-estima, decorrentes da ausência de pontos de realização pessoais, sempre impuseram à mulher a lei do silêncio. Raros os casos em que se encoraja a revelar a agressão ocorrida dentro do lar. Antes do advento da nova legislação, singela comunicação da violência bastava para o desencadeamento da ação penal.

A lei acabou esvaziando as Delegacias da Mulher, que agora se limitam a lavrar um termo circunstanciado, o que dificulta o desencadeamento da ação e a apenação nos chamados delitos domésticos.

Impõe a lei a realização de audiência preliminar, com a presença do autor do fato e da vítima. A conciliação, que necessariamente tem de ser proposta, enseja simples composição de danos, a serem cobrados no juízo cível. Não obtida a conciliação, a vítima tem o direito de formalizar a representação, que é verbalizada na presença do agressor. Mais: feita a representação, pode o

Ministério Público transacionar a aplicação de multa ou de pena restritiva de direitos. Aceito o acordo, a prática do delito não enseja reincidência, não consta da certidão de antecedentes e não tem efeitos civis. Dessa verdadeira transação penal a vítima não participa.

Assim, pode-se concluir que a criminalização dos delitos contra as mulheres é uma exceção. A desproporção, quer física, quer de valoração social, entre os gêneros masculino e feminino necessita ser ressaltada, para que se dimensione o crime doméstico como hediondo, merecedor da execração social.

É necessário lembrar que o Direito Penal tem uma função simbólica, não centrada só no castigo, mas na demonstração da intolerância social com relação a determinado ato, que passa a ser repudiado mediante sua criminalização. É mister que a condenação seja exemplar e que se cunhe uma nova consciência, buscando o efeito positivo da apenação e o reconhecimento de novos valores.

Não é a Justiça, mas a sociedade machista que absolve os homens, postura que se revela como afronta aos direitos humanos.

(Artigo publicado em Direito e Democracia, Revista de Ciências Jurídicas – ULBRA, vol. I, n. 02, 2º semestre 2000, p. 247-254).

Senhora Coronel, bem-vinda!

A partir do julgamento levado a efeito pelo Tribunal de Justiça do Rio Grande do Sul em sessão de 19 do corrente, tornou-se possível a ascensão das mulheres ao cargo de coronel da Brigada Militar do Estado.

Por expressiva maioria, 24 votos a favor e somente um voto contrário, o Órgão Especial da Justiça gaúcha rejeitou a ação que buscava reconhecer a inconstitucionalidade da lei que veio corrigir inaceitável injustiça. A Lei nº 7.977, que, no ano de 1985, criou a Polícia Militar Feminina, admitiu que as mulheres chegassem apenas ao cargo de capitão.

Desde o advento da Constituição Federal de 1988, que estabeleceu a igualdade entre homens e mulheres, impedindo qualquer discriminação em razão de sexo, a limitação não podia persistir.

No entanto, o Ministério Público, por meio de ação direta de inconstitucionalidade, buscou impedir a tentativa de corrigir a afronta ao princípio da isonomia. Em 1994, nova lei, ao unificar as carreiras do quadro de oficiais, permitiu o acesso de todos a todos os postos do quadro da Polícia Militar, independente de sexo.

O julgamento veio, em boa hora, afastar a inconstitucionalidade da lei originária. Não há como chamar de inconstitucional a lei que buscou atender ao princípio da igualdade, a não ser que se possa considerar que as policiais que ingressaram na carreira sob a égide da lei pretérita adquiriram o direito à discriminação.

Assim, cercada de grande significado a decisão que resgata a dignidade feminina, ao afastar o injustificável obstáculo ao acesso das mulheres às estâncias do poder na carreira policial militar do Estado. Não se trata de conceder privilégios; o que se fez foi afastar injustiças.

Em época de tanta violência e insegurança, traz um grande alento ver que, a partir de agora, também as mulheres estão a velar pela mantença da paz e da ordem.

(Artigo publicado no Jornal Correio do Povo, Porto Alegre – RS, 20/4/2004, p. 04; no *site* Espaço Vital Virtual. Disponível em: <http://www.espacovital.com.br/artigocoronel.htm>. Acesso em: 20 abr. 2004; no *site* Migalhas. Disponível em: <http://www.migalhas.com.br/mostra_noticia_articuladas.aspx?cod=4440>. Acesso em: 20 abr. 2004; no *site* JURID Publicações Eletrônicas. Disponível em: <https://secure.jurid.com.br/jurid/jurid.exe/carregahtml?arq=detalhe.html&ID=118>. Acesso em: 20 abr. 2004;.CD-ROM do Jurid 8.0 e JuridXP; no *site* La Insígnia, Espanha. Disponível em: <http://www.lainsignia.org/2004/abril/ibe_090.htm>. Acesso em: 20 abr. 2004; no *site* Estudando.com. Disponível em: <http://www.estudando.com/>. Acesso em: 20 abr. 2004; no *site* Jus Vigilantibus. Disponível em: <http://www.jusvi.com/site/p_detalhe_artigo.asp ?codigo=1751&cod_categoria=nome_categoria=>. Acesso em: 20 abr. 2004; no Jornal O Sul, Porto Alegre – RS, 29/04/2004, p. 8; no *site* Nunes, Kemp & Pradi Advocacia. Disponível em: <http://www.nuneskemp.com.br/sala06.htm>. Acesso em: 11 mai. 2004; Revista Consulex, n. 176, 15 mai. 2004, p. 15; no *site* Jurisn@uta.com.br. Disponível em: <http://www.jurisnauta.com.br/index1.htm>. Acesso em: 24 mai. 2004; no *site* Universo Jurídico. Disponível em: <http://www.uj.com.br/>. Acesso em: 26 mai. 2004 e no Informativo ADCOAS, n° 69, abr./mai. 2004, p. 7).

Quinze segundos

Quinze segundos é um período de tempo muito curto. Basta contar até 15 e pronto: já se passaram 15 segundos. Parece ser um lapso de tempo tão insignificante, durante o qual nada acontece, tanto que o período de 24 horas contém 5.760 vezes a fração 15 segundos. Talvez só fazendo essa singela operação aritmética é que se possa visualizar quão chocante é o dado que consta do Relatório Nacional Brasileiro, que retrata o perfil da mulher brasileira: a cada 15 segundos uma mulher é agredida, isto é, a cada dia 5.760 mulheres são espancadas no Brasil.

Mas há outros números que também assustam: segundo a OMS, 30% das primeiras experiências sexuais das mulheres foram forçadas; 52% das mulheres são alvo de assédio sexual; 69% das mulheres já foram agredidas ou violadas. Isso tudo sem contar o número de homicídios praticados pelo marido ou companheiro sob a alegação de legítima defesa da honra.

Ainda que tais dados sejam surpreendentes, é preciso atentar em que esses números são subdimensionados, pois somente 10% das agressões sofridas por mulheres são denunciadas. Quer por medo, quer por vergonha, é difícil denunciar alguém que reside sob o mesmo teto, uma pessoa com quem se tem um vínculo afetivo e filhos em comum e que, não raro, é o responsável pela subsistência da família.

A conclusão só pode ser uma: as mulheres nunca param de apanhar, sendo seu lar o lugar mais perigoso para elas e seus filhos.

Cabe indagar, afinal, quem é responsável por essa triste realidade. É certo que a violência física, sexual e emocional sofrida pelas mulheres não é responsabilidade exclusiva de seus agressores. O fundamento é cultural e decorre da desigualdade de poder, havendo uma verdadeira relação de dominante e dominado. A sociedade ainda cultiva valores que incentivam a violência, o que impõe tomar consciência de que a culpa é de todos. Até agora, sempre o poder esteve em mãos masculinas. As leis são elaboradas por homens, e a justiça é, na grande maioria dos casos, aplicada por juízes.

Não poderia ter sido mais catastrófico condicionar o delito de lesão corporal à representação, transferindo para leigos a competência para fazer acordos. As mulheres aceitam por medo, e cresce entre os homens a certeza da impunidade.

Há um descaso em construir casas de passagem para abrigar as vítimas que, por não ter para onde ir, se submetem a situações que colocam sua integridade corporal em constante risco. Afora isso, a Justiça, achando que está protegendo a família, não pune o agressor, e o corpo da mulher responde pela preservação da entidade familiar, tornando invisível a violência doméstica.

Assim, todos os Poderes são cúmplices da violência contra as mulheres, merecendo ser responsabilizados na condição de co-autores, tanto o Legislativo, como o Executivo e o próprio Judiciário.

Essa perversa dinâmica precisa cessar.

Ao ser conclamada toda a sociedade para fazer um pacto social com o objetivo de reverter a insustentável situação que está vivendo o povo brasileiro, é imperioso que se atente na realidade das mulheres.

Afinal, não se pode falar em liberdade sem igualdade; e não há igualdade quando mais da metade da população está submetida à força, à vontade e ao desejo da outra metade.

(Artigo publicado no *site* Pagu, Disponível em: <http://www.pagu.org.br/>. Acesso em: 25 jul. 2002; no *site* Migalhas. Disponível em: <http://www.migalhas.com.br/>. Acesso em: 25 jul. 2002; no *site* Fervo.com. Disponível em: <http://www.fervo.com.br/>. Acesso em: 25 jul. 2002; no Jornal Diário de Canoas, Canoas – RS, 23/11/2002, p. 04; no Jornal do Comércio, Porto Alegre – RS, 26/11/2002; no Informativo SI Brasília Alvorada, nº 3, jul-dez/2002; no Jornal Rádio Corredor, publicado pelo SINDSEP – MG, nº 67, dez/2002, p. 07; no Informativo ADCOAS, nº 54, dez/2002, p. 03; na Revista Jurídica da Universidade de Cuiabá – MT, n. 2, jul.dez./2002, p. 93-94; no Informativo do Secretariado Nacional do PSDB-Mulher, nº 4, nov-dez/2002 e jan/2003, p. 05; em Presença Literária 2003, edição comemorativa ao 60º aniversário da Academia Literária Feminina/RS, p. 93/94; no Jornal Minuano, Bagé – RS, 04/07/2003, p. 05, e no Jornal Folha 3, Porto Alegre – RS, nº 91, jan./fev. 2004, p. 02).

A violência contra a mulher

Palestra proferida no Congresso Nacional da Associação
Brasileira de Mulheres de Carreira Jurídica,
em 04.11.1998, Vitória – ES.

Não basta a revolução feminina haver marcado este século. O significativo avanço das mulheres em várias áreas e setores não consegue encobrir a mais cruel seqüela da discriminação: a violência doméstica.

Ainda que o momento não comporte uma análise mais acurada sobre as causas de o amor gerar dor, é inquestionável que a ideologia patriarcal ainda subsiste, e leva o homem a se sentir proprietário do corpo e da vontade da mulher e dos filhos. Essa errônea consciência de uma situação de poder é que assegura o suposto direito de o macho fazer uso de sua superioridade corporal e força física sobre a fêmea.

Ao homem sempre coube o espaço público, e a mulher foi confinada nos limites do lar, no cuidado da família. Isso enseja a formação de dois mundos: um, de dominação, externo, produtor; o outro, de submissão, interno e reprodutor. A essa distinção estão associados os papéis ideais de homens e mulheres: ele provendo a família, e ela cuidando do lar, cada um desempenhando a sua função. Os padrões de comportamento instituídos distintamente para homens e mulheres levam à geração de um verdadeiro código de honra. A sociedade outorga ao varão um papel paternalista, que chancela a exigência de uma postura de passividade. As mulheres acabam recebendo uma educação diferenciada, pois necessitam ser mais controladas, mais limitadas em suas aspirações e desejos. Por isso o tabu da virgindade, a restrição ao exercício da sexualidade e a sacralização da maternidade. Ambos os universos, ativo e passivo, distanciados mas dependentes entre si, buscam manter a bipolaridade bem definida: ao autoritarismo corresponde o modelo de submissão.

A evolução da Medicina, com a descoberta de métodos contraceptivos, bem como as lutas emancipatórias levaram ao surgimento de um novo perfil feminino, que acabou impondo a redefinição do modelo ideal de família. A mulher, ao integrar-se no mercado de trabalho, saiu para fora do lar, cobrando do varão a necessidade de assumir responsabilidades dentro de casa. Essa mudança acabou por provocar o afastamento do parâmetro preestabelecido, gerando um clima propício ao surgimento de conflitos.

Nesse contexto é que transborda a violência, que tem como justificativa a cobrança de possíveis falhas no cumprimento ideal dos papéis de gênero. Quando um não está satisfeito com a atuação do outro fora do modelo, surge a guerra dos sexos, e cada um dos envolvidos usa suas armas: eles, os músculos; elas, as lágrimas.

As mulheres, por evidente, levam a pior, tornando-se vítimas da violência masculina.

Acostumada a realizar-se exclusivamente com o sucesso de seu par e o pleno desenvolvimento de seus filhos, não consegue, a mulher, encontrar em si mesma o centro de gratificação, o que gera um profundo sentimento de culpa que a impede de usar a queixa como forma de fazer cessar a agressão. É que, em seu íntimo, se acha merecedora da punição, por haver desatendido as tarefas que lhe são afeitas como a rainha do lar.

O medo, a dependência econômica, o sentimento de inferioridade, a baixa auto-estima, decorrentes da ausência de pontos de realização pessoais, sempre impuseram à mulher a lei do silêncio. Raros os casos em que se encorajam a revelar a agressão ocorrida dentro do lar.

Somente a partir da conscientização de que o novo modelo de família deve-se basear na mútua colaboração e no afeto é que se poderá chegar à tão almejada igualdade e, quiçá, ao fim da violência.

(Artigo publicado no Jornal Correio do Povo, Porto Alegre – RS, 17/12/2001, p. 04, e em Braças Literárias, Dom Pedrito – RS, nº 07, julho de 2003, p. 14).

Violência e o pacto de silêncio

As relações familiares, em sua grande maioria, têm origem em um elo de afetividade. Surgem de um enlaçamento amoroso. A essa realidade evidente por si só cabe questionar, afinal, por que as relações afetivas migram para a violência em números tão chocantes e surpreendentes? O mais intrigante é que nem sempre é por necessidade de sustento ou por não terem condições de prover sozinhas a própria existência que as mulheres se submetem, calam e não denunciam as agressões de que são vítimas.

Por que as mulheres sofrem em silêncio? Medo, vergonha, temor da incompreensão, sentimento de incapacidade, de impotência, tolerância à submissão, desrespeito a si próprias? Mas essas são as causas da violência ou são os motivos do silêncio?

O desejo do agressor é submeter a mulher à vontade própria, é dominar a vítima, daí a necessidade de controlá-la. Para isso, busca destruir sua auto-estima. As críticas constantes fazem ela acreditar que tudo que faz é errado, de nada entende, não sabe se vestir nem se comportar socialmente. É induzida a acreditar que não sabe administrar a casa nem cuidar dos filhos. A alegação de não ter um bom desempenho sexual leva ao afastamento da intimidade e à ameaça de abandono.

O silêncio passa à indiferença e às reclamações, reprimendas, reprovações. Depois vêm os castigos, as punições. Os gritos transformam-se em empurrões, tapas, socos, pontapés, num crescer sem fim. As agressões não se cingem à pessoa da vítima. O varão destrói seus objetos de estimação, a envergonha em público, a humilha diante dos filhos. Sabe que eles são o seu ponto fraco e os usa como massa de manobra, ameaçando maltratá-los.

Para dominar a mulher, procura isolá-la do mundo exterior, afastando-a da família. Proíbe as amizades, denigre a imagem dos amigos. No entanto, socialmente, o agressor é agradável, encantador. Em público se mostra um belo companheiro, a não permitir que alguma referência a atitudes agressivas mereça credibilidade.

Muitas vezes impede a esposa ou companheira de trabalhar, levando-a a se afastar de pessoas junto às quais poderia buscar apoio. Subtrai a possibilidade de ela ter contato com a sanidade e buscar ajuda. O medo da solidão a faz dependente e sua segurança resta abalada. A mulher não resiste e se torna prisioneira da vontade do par, o que gera uma situação propícia a uma verdadeira lavagem cerebral, campo fértil para o surgimento do abuso psicológico.

Assim, facilmente a vítima encontra explicações, justificativas para o comportamento do parceiro. Acredita que é uma fase, que vai passar, que ele anda estressado, trabalhando muito, com pouco dinheiro. Procura agradá-lo, ser mais compreensiva, boa parceira. Para evitar problemas, afasta-se dos amigos, submete-se à vontade do agressor, só usa as roupas que ele gosta, deixa de se maquiar para não desagradá-lo. Está constantemente assustada, pois não sabe quando será a próxima explosão, e tenta não fazer nada errado. Fica insegura e, para não zangar o companheiro, começa a perguntar a ele o que e como fazer, torna-se sua dependente. Anula a si própria, seus desejos, sonhos de realização pessoal, objetivos próprios.

O vitimizador sempre atribui a culpa à mulher, tenta justificar seu descontrole na conduta dela, suas exigências constantes de dinheiro, seu desleixo para com a casa e os filhos. Alega que foi ela quem começou, pois não faz nada certo, não faz o que ele manda. Ela acaba reconhecendo que ele tem razão, que em parte a culpa é sua. Assim o perdoa. Para evitar nova agressão, recua, deixando mais espaço para a agressão.

Nesse momento a mulher vira um alvo fácil. A angústia do fracasso passa a ser seu cotidiano, questiona o que fez de errado, sem se dar conta de que para o agressor não existe nada certo. Não há como satisfazer o que nada mais é do que desejo de dominação, de mando, fruto de um comportamento controlador.

Tudo fica bom até a próxima cobrança, ameaça, grito, tapa...

Depois... vem o arrependimento, pedidos de perdão, choro, flores, promessas. A vítima acredita que ele vai mudar e se sente protegida, amada, querida. As cenas de ciúmes são recebidas como prova de amor, e ela fica lisonjeada.

Forma-se um ciclo em espiral ascendente que não tem mais limite.

O homem não odeia a mulher, ele odeia a si mesmo. Muitas vezes ele foi vítima de abuso ou agressão e tem medo, precisa ter o controle da situação para se sentir seguro. A forma de se compensar é agredir.

A sociedade protege a agressividade masculina, constrói a imagem da superioridade do homem. Afetividade e sensibilidade não são expressões da masculinidade. O homem é retratado pela virilidade. Desde o nascimento, é encorajado a ser forte, não chorar, não levar desaforo para casa, não ser "maricas". Os homens precisam ser super-homens, não lhes é permitido ser apenas humanos.

A idéia da família como uma entidade inviolável, protegida da interferência até da Justiça, faz com que a violência se torne invisível.

A violência é protegida pelo segredo; agressor e agredida fazem um pacto de silêncio, que o livra da punição. Estabelece-se um verdadeiro ciclo, a mulher não se sente vítima, o que faz desaparecer a figura do agressor. Mas o silêncio não gera nenhuma barreira. A falta de um limite faz com que a violência se exacerbe. O homem testa seus limites de dominação. Quando a agressão não gera reação, aumenta a agressividade. O vitimizador, para conseguir dominar, para manter a submissão, exacerba na agressão.

A ferida sara, os ossos quebrados se recuperam, o sangue seca, mas a perda da autoconfiança, a visão pessimista, a depressão, essas são feridas que não curam.

Por isso, é preciso romper o pacto de silêncio, não aceitar sequer um grito, denunciar a primeira agressão. É a única forma de estancar o ciclo da violência da qual a mulher é a grande vítima.

(Artigo publicado no *site* Pagu, Disponível em: <http://www. pagu.org.br/>. Acesso em: 16 abr. 2004).

A impunidade dos delitos domésticos

Palestra proferida no IX Congresso Nacional da
Associação Brasileira das Mulheres de Carreira Jurídica,
em 27.10.1999, Maceió – AL.

Os Juizados Especiais Criminais, criados pela Lei nº 9.099, de 26/9/95, significaram uma verdadeira revolução no sistema processual penal brasileiro. Uma justiça consensual possibilita a aplicação de pena mesmo antes do oferecimento da acusação e ainda antes da discussão da culpabilidade. As medidas de despenalização, bem como a adoção de um rito sumaríssimo, buscam a agilização no julgamento dos delitos de pequena potencialidade ofensiva, levando ao desafogamento da Justiça comum. Uma maior celeridade na tramitação das ações – impedindo, por conseqüência, a ocorrência de prescrição – empresta uma maior credibilidade ao Poder Judiciário.

Ainda que se tenha de reconhecer que se trata de uma consciente tentativa de acabar com a impunidade – vista como a causa maior da criminalidade –, deixou de ser priorizada a pessoa humana, e preservada sua vida e sua integridade física. Ao condicionar à representação a ação penal relativa às lesões corporais leves e lesões culposas, omite-se o Estado de sua obrigação de punir. Transmiti à vítima a iniciativa de buscar a apenação de seu agressor, segundo critério subjetivo de conveniência. Passaram a ser consideradas como infrações menores as que afetam o cidadão, mas continua o monopólio estatal para punir os delitos contra o patrimônio, pois estes ainda persistem desencadeando ação pública incondicionada.

Há, no entanto, que atentar nas hipóteses em que existe um desequilíbrio entre agressor e agredido, uma hierarquização entre ambos. A punição, nesses casos, certamente não ocorre, pois não há como exigir que o desprotegido, o hipossuficiente, o subalterno venha a formalizar queixa contra o seu agressor. Dentro dessa categoria não se pode deixar de enquadrar a mulher, a criança e o adolescente, pois os delitos contra eles, em sua maciça maioria, são praticados por maridos, companheiros ou pais, ou seja, pessoas com quem convivem e mantêm uma relação de afeto.

Apesar de a igualdade entre os sexos estar ressaltada enfaticamente na Constituição Federal, é secular a discriminação que coloca a mulher em uma posição de inferioridade e subordinação com relação ao homem.

Ainda que uma análise mais aprofundada sobre as causas de o amor gerar dor, inquestionável que a ideologia patriarcal ainda subsiste. O homem se considera proprietário do corpo e da vontade da mulher e dos seus filhos. Essa equivocada consciência de uma relação de poder é que assegura o suposto direito de o macho fazer uso de sua superioridade corporal e força física sobre a fêmea.

O medo, a dependência econômica, o sentimento de inferioridade, a baixa auto-estima, decorrentes da ausência de pontos de realização pessoais, sempre impuseram à mulher a lei do silêncio. Raros os casos em que se encorajava a revelar a agressão ocorrida dentro do lar, mas isso bastava para o desencadeamento da ação penal.

A criação das Delegacias da Mulher desempenhou um importante papel, pois o atendimento especializado, feito na maioria das vezes por mulheres, visa a estimular as vítimas a denunciar os maus-tratos sofridos, muitas vezes ao longo de anos. De outro lado, o fato de os agressores serem chamados perante a autoridade policial cumpria uma função intimidatória, além de levar à instauração do inquérito e ao desencadeamento automático da ação penal, ainda que a reconciliação do casal ensejasse a tentativa de "retirar a queixa".

Mesmo não se encontrando justificativa para o baixo índice de condenações – como se a Justiça considerasse delito de menor lesividade o praticado dentro do lar -, ao menos era criminalizada a violência doméstica. Porém, no momento em que haviam começado o Judiciário a reconhecer que a absolvição, sistematicamente levada a efeito para garantir a harmonia familiar, tinha efeito contrário, os Juizados Especiais Criminais vieram, infelizmente, consagrar a impunidade.

A nova lei, além de haver esvaziado as Delegacias da Mulher – que agora se limitam a lavrar um termo circunstanciado –, está, sem sombra de dúvida, dificultando o desencadeamento da ação e a apenação nos chamados delitos domésticos.

Impõe dita lei a realização de audiência preliminar, com a presença do autor do fato e da vítima. A conciliação, que imperiosamente tem de ser proposta, enseja simples composição de danos, a ser executada no juízo cível. Não obtida a conciliação, há o direito de exercer a representação, verbalizada, no entanto, na presença do agressor. Mais: feita a representação, pode o Ministério Público transacionar a aplicação de multa ou pena restritiva de direitos, que, se aceita pela infrator, não enseja a reincidência, não consta da certidão de antecedentes e não tem efeitos civis. Trata-se de uma verdadeira transação penal, da qual a vítima não participa.

Esse contexto está contribuindo para que se chegue a um alarmante nível de violência, que só agora vem despertando a atenção de todos.

Assim, não se pode deixar de concluir que a lei veio na contramão da história. Ao desburocratizar a Justiça criminal, acabou mais uma vez por sacrificar a mulher.

A desproporção, quer física, quer de valoração social, entre o gênero masculino e feminino, necessita ser ressaltada, para que se dimensione o crime doméstico como hediondo, merecedor da execração social.

Necessário lembrar que o Direito Penal tem uma função simbólica, não centrada só no castigo, mas na demonstração da intolerância social com relação a determinado ato, que passa a ser repudiado mediante sua criminalização. É mister que a condenação seja exemplar e que se cunhe uma nova consciência, na busca do efeito positivo da apenação e reconhecimento de novos valores.

Os operadores do Direito devem se conscientizar de que os delitos domésticos necessitam de um tratamento diferenciado. Mister que sejam criados juizados especializados, a serem compostos por juízes, representantes do Ministério Público, conciliadores e defensores públicos devidamente preparados para o julgamento dessa espécie de delito. É imperioso, igualmente, que seja montada uma estrutura, para que o casal tenha atendimento psicológico e acompanhamento por assistentes sociais. É importante que as medidas restritivas de direito sejam de molde a propiciar uma mudança de comportamento daquele que pratica o crime sem entender o caráter criminoso de seu agir.

Urge que se revogue o art. 88 da Lei nº 9.099/95, para que volte o Estado a cumprir seu papel. Ao menos, que se dispense a representação nos delitos perpetrados no âmbito doméstico. Talvez, mais salutar, fosse afastar do âmbito de competência dos Juizados Especiais Criminais o seu julgamento.

(Artigo publicado no Repertório IOB de Jurisprudência, nº 4/98, 2ª quinzena de fevereiro de 1998 e no Jornal Diário de Jacareí, Jacareí – SP, 05/11/2003, p. 02).

Lar: lugar de afeto e respeito

O ideograma chinês que representa o lar é o mesmo que significa a paz: trata-se de um telhado abrigando um homem e uma mulher.

Essa foi a imagem que inspirou a criação do Projeto LAR: Lugar de Afeto e Respeito, lançado pelo JusMulher nesta data, 8 de março – Dia Internacional da Mulher, com o apoio do movimento de mulheres, que, pela primeira vez, faz uma junção de forças para obter maior ressonância à extensa pauta de reivindicações.

O Afeto que norteia o surgimento da união não pode se transformar em ódio, quando deixa de existir o amor. O Respeito entre homens e mulheres tem de persistir sempre, face à singela constatação de que são seres complementares, cujas poucas diferenças não os transformam em sexos opostos.

O Lar não deve se tornar um campo de batalha, palco de pequenez e vinganças, que acaba se traduzindo em violência física ou psicológica, manifestada por demonstrações de desprezo e menosprezo, e onde brigas e desavenças chegam em muitos casos à morte.

Talvez só superada pelo valor vida, a paz é um dos valores mais perseguidos pela humanidade. Mas a paz não é uma dádiva, é uma verdadeira conquista, que em muito depende do bom uso da liberdade, conceituada como o pleno uso da inteligência e da vontade respeitando a inteligência e a vontade do outro. A liberdade também não é uma graça que nos é dada, mas um estado a ser conquistado, por meio de um processo de construção diuturno.

A paz tão desejada entre um homem e uma mulher tem como pressuposto a coexistência do afeto. Condicionada ao respeito mútuo, pelo exercício da liberdade tem como lugar de realização plena o lar.

Mesmo parecendo utópico, haverá um dia em que o efetivo reconhecimento da igualdade fará o Dia Internacional da Mulher perder seu significado, passando-se a festejar, quem sabe, o Dia Internacional do Lar – Lugar de Afeto e Respeito. Nessa data se estará comemorando a conquista, não do maior valor da humanidade, mas da sua meta ideal: a felicidade.

(Artigo publicado no Jornal Zero Hora, Porto Alegre – RS, 06/3/1999, p. 15).

Basta de violência

No dia 8 de março, comemora-se o Dia Internacional da Mulher. Cumprimentos são trocados, homenagens são prestadas, realizam-se inúmeros eventos.

No entanto, o significativo avanço feminino em várias áreas e setores – a justificar as comemorações – não pode encobrir uma cruel realidade: a violência doméstica, que, surpreendentemente, vem aumentando em proporções alarmantes. Basta lembrar que, segundo estatística da ONU, a cada 4 minutos uma mulher é agredida em seu próprio lar por pessoa com quem mantém uma relação de afeto. A esse dado soma-se outro igualmente assombroso, de que somente 10% das agressões são denunciadas. Chega-se a um número por demais assustador.

Necessário, assim, que a data sirva não só de momento de confraternização. Deve também ensejar uma pausa para reflexão, para uma tomada de consciência. Imperioso que se busque identificar causas para que soluções possam ser encontradas.

A sociedade defere ao homem o espaço público e concede à mulher o espaço privado, nos limites da família e do lar. Isso enseja a formação de dois mundos: um, de dominação, externo, produtor; o outro, de submissão, interno e reprodutor. A essa distinção estão associados os papéis ideais de homens e mulheres: ele provendo a família, e ela cuidando do lar, cada um cumprindo sua obrigação. Esses estereótipos são vincados desde muito cedo. As meninas são treinadas para o desempenho da função doméstica, ao receberem de brinquedo bonecas, casinhas e panelinhas. Aos meninos é reservado um mundo exterior, pois brincam com bolas, carrinhos e aviões.

Os padrões de comportamento instituídos distintamente para homens e mulheres levam à geração de um verdadeiro código de honra. A sociedade outorga ao macho um papel paternalista, exigindo uma postura de submissão da fêmea. As mulheres acabam recebendo uma educação diferenciada, pois necessitam ser mais controladas, mais limitadas em suas aspirações e desejos. Por isso o tabu da virgindade, a restrição ao exercício da sexualidade e a sacralização da maternidade. Ambos os universos, ativo e passivo, distanciados mas dependentes entre si, buscam manter a bipolaridade bem definida, pois ao autoritarismo corresponde o modelo de submissão.

A evolução da Medicina, com a descoberta de métodos contraceptivos, bem como as lutas emancipatórias, levaram ao surgimento de uma nova postura feminina, que impôs a redefinição do modelo ideal de família. A mulher, ao se integrar no mercado de trabalho, saiu para fora do lar, impondo ao homem a necessidade de assumir responsabilidades dentro de casa. Essa mudança acabou por provocar o afastamento do parâmetro preestabelecido, ensejando um desequilíbrio, terreno propício ao surgimento de conflitos.

De outro lado, acostumada a se realizar exclusivamente com o sucesso do par e o pleno desenvolvimento de seus filhos, não consegue, a mulher, encontrar em si mesma o centro de gratificação, o que gera um profundo sentimento de culpa que a impede de usar a queixa como forma de fazer cessar a agressão. É que, em seu íntimo, se acha merecedora da punição por haver desatendido as tarefas que lhe são afeitas como a rainha do lar.

Nesse contexto é que surge a violência, que se justifica como forma de compensar possíveis falhas no cumprimento ideal dos papéis de gênero. Quando um não está satisfeito com a atuação do outro, surge a guerra dos sexos, e cada um dos envolvidos usa suas armas: eles, os músculos; elas, as lágrimas.

Somente a partir da conscientização de que o novo modelo de família deve-se basear na mútua colaboração e no afeto é que se poderá chegar à tão almejada igualdade e ao fim da violência.

(Artigo publicado no Jornal Zero Hora, Porto Alegre – RS, 30/4/1997; na Revista *In Verbis*, nº 07, p. 19, abril-maio de 1997; em Fêmea, nº 54, p. 04, julho de 1997; na Revista Mundo Jurídico, p. 16, nº 03, ano I, julho-agosto de 1997, e no Jornal Mulher - Porto Alegre-RS, fev/2000).

Assédio sexual: um crime que ninguém quer ver

Indispensável que primeiro se arroste a realidade: 31% das brasileiras assediadas sexualmente perdem o emprego, 30% se calam e apenas 2,6% vão à Justiça, segundo pesquisa realizada pela Revista IstoÉ e publicada em 21/4/99. Sem que se tenha um levantamento sobre o resultado dos processos, inquestionavelmente o número é escasso ou quase nulo, o que deixa à mostra que o assédio sexual, além de não ser criminalizado,[5] não vem sendo punido como delito nem gera indenização na esfera cível.

A dificuldade de denunciar, de buscar a Justiça, decorre de um componente de ordem histórica e cultural, refletido no Código Civil, que é de 1916, e no Código Penal, de 1940. Em face da sacralização do conceito de família, com uma feição patriarcal, nítida era a hierarquização entre o homem e a mulher. A esta restava o reduto doméstico, com a única função de criar os filhos, enquanto o espaço público era reservado aos homens. A mulher casada tinha sua capacidade reduzida e era desprovida do direito de autodeterminar-se. Considerada como propriedade do marido, devia a ele submissão e respeito. Estava sujeita a uma verdadeira servidão sexual: não podia manifestar qualquer resistência ao contato sexual e nem manifestar prazer.

De outro lado, a preservação da virgindade, como símbolo de castidade e honestidade, era atributo indispensável para o casamento. Assim, os contatos sexuais,

---
[5] O artigo foi elaborado antes do advento da Lei que criminalizou o assédio sexual.

ainda que consentidos, ao serem descobertos, eram denunciados como tendo ocorrido mediante violência, como delitos sexuais, com a finalidade de resgatar a reputação da família. Por tal, nos processos decorrentes dos crimes contra os costumes, como são nominados, questionava-se a palavra da vítima, cuja credibilidade restava comprometida. Difícil era a aceitação da versão da mulher, valendo em dobro o depoimento do homem.

Com a evolução da sociedade e a emancipação feminina, quer pelo surgimento dos métodos contraceptivos, quer por sua inserção no mercado de trabalho, a mulher adquiriu a liberdade de escolher seus parceiros e de decidir sobre seu corpo. Com a Constituição Federal, que veio a decantar novos direitos como direitos humanos, passou a mulher a ter maior visibilidade.

O aumento da participação da mulher no espaço público deveria colocá-la em condições de igualdade, descabendo persistir qualquer resquício de submissão que envolva a questão do poder. Não deveriam se refletir no âmbito de trabalho as diferenças dos papéis existentes na sociedade. Porém, como os homens ainda predominam nas chefias das empresas públicas e privadas, passaram eles a usar uma nova maneira de obter favores femininos: a ameaça de demissão, de não-ascensão profissional.

Como o assunto ainda é tabu, as mulheres calam por medo de não ser acreditadas. Além da dificuldade de denunciar, é também difícil comprovar. É a palavra de um contra a de outro, um homem frente a uma mulher, um superior ante um subalterno. Ao depois, existe um grave preconceito de que houve provocação por parte da vítima, acabando-se por investigar o comportamento da denunciante. Confunde-se liberdade sexual com a eliminação do direito de escolha, não se atentando em que as mulheres, por serem livres, não são disponíveis para todos.

O certo é que as mulheres se calam por falta de espaço social que empreste credibilidade às suas palavras. É mister que o conceito de honestidade feminina

Conversando sobre
Justiça e os crimes contra as mulheres

não mais seja vinculado à sua atividade sexual e que se passe a acreditar que, quando ela denuncia, é porque foi vítima.

Assim, impõe que se criminalize o assédio sexual. Também indispensável que haja a adoção de políticas de orientação e prevenção, como forma de inibir os comportamentos indevidos. É importante que os departamentos de recursos humanos das empresas e órgãos públicos sejam capacitados para servir como consultores e orientadores, a estimular a denúncia de fatos que possam caracterizar qualquer espécie de constrangimento ou aproximação indesejada.

Por enquanto, a única lei que vigora é a lei do silêncio.

(Artigo publicado no CD-ROM Coletânea Doutrinária, da Editora Plenum).

Assédio sexual agora é crime

Art. 216. A do Código Penal: Constranger alguém com o intuito de obter vantagem ou favorecimento sexual, prevalecendo-se o agente da sua condição de superior hierárquico ou ascendência inerentes ao exercício de emprego, cargo ou função.
Pena – detenção de 1 (um) a 2 (dois) anos.

A partir de maio de 2001, o assédio sexual é crime.

O natural aumento da participação feminina no espaço público deveria garantir igualdade de tratamento. Porém, ainda há reflexos no âmbito do trabalho das diferenças de papéis que persistem na sociedade, que decorrem de componente de ordem histórico-cultural: a nítida hierarquização entre o homem e a mulher.

A sacralização do conceito de família e sua feição patriarcal levavam a esposa a ser considerada como propriedade do marido. Devia a ele submissão e respeito, estando sujeita a uma verdadeira servidão sexual. Não podia opor resistência ao cumprimento do chamado "débito conjugal" nem manifestar qualquer prazer.

Com a evolução da sociedade e a vitória da revolução feminista, principalmente depois de a Constituição Federal haver consagrado a igualdade entre os sexos, passou a mulher a ter consciência de seus direitos. De outro lado, quer pelo surgimento dos métodos contraceptivos, quer pela inserção da mulher no mercado de trabalho, adquiriu ela a liberdade de escolher seus parceiros e de decidir sobre seu corpo.

Mas como os homens ainda predominam nas chefias das empresas públicas e privadas, passaram eles a usar novas estratégias para obter favores femininos: a ameaça da demissão, de não-ascensão profissional. O chamado assédio sexual – considerado por muitos como mero galanteio – sempre levou suas vítimas a calar por medo de não ser acreditadas. Além da dificuldade de denunciar, é um fato também difícil de comprovar. É a palavra de um contra a de outro, de um homem ante uma mulher, de um superior frente a um subalterno. Duvida-se da veracidade da palavra da vítima, cuja credibilidade resta questionada. Difícil a aceitação da versão da mulher, quase valendo menos do que o depoimento do homem.

Assim, a necessidade de manter o emprego, a humilhação e o constrangimento levam as mulheres – pois elas são as grandes vítimas – a não referir o ocorrido sequer no âmbito familiar, por vergonha de contar o que aconteceu. Ademais, sempre existiu um grave preconceito de ter havido provocação por parte da vítima, acabando por se investigar o comportamento da denunciante, e não o do assediador.

Confunde-se liberdade sexual com a eliminação do direito de escolha, sem se atentar em que as mulheres, por serem livres, não são disponíveis para todos que as desejarem. Necessário que seja sepultado o conceito de honestidade feminina, vinculado exclusivamente à sua atividade sexual, e se passe a acreditar que, quando ela denuncia, é porque foi vítima de constrangimento.

A dificuldade de procurar a Justiça em muito decorria da ausência de tipificação penal desse delito, que em boa hora passou a ser definido como crime. O aumento da participação feminina no espaço público deve garantir igualdade de tratamento, nada justificando a hierarquização entre o homem e a mulher que existia no âmbito doméstico.

O assunto ainda é tabu, e as mulheres calam, calam por medo de não ser acreditadas. Calam pela necessidade de manter o emprego. A humilhação e o constrangimento as levam a não referir o ocorrido sequer no âmbito familiar, por vergonha de contar o que aconteceu.

No âmbito do serviço público, em vários Estados, estão surgindo mecanismos para evitar o assédio sexual. Basta ver que, no Rio Grande do Sul, desde 1993, sua prática é coibida por lei, havendo a Lei Complementar nº 11.487, de 2000, regulamentando sua punição na administração pública estadual.

Também as empresas privadas têm adotado políticas de orientação e prevenção, como forma de inibir comportamentos indevidos. Os departamentos de recursos humanos estão se capacitando para servir de consultores e orientadores e estimular a denúncia de fatos que podem caracterizar qualquer espécie de constrangimento ou aproximação indesejada.

A única forma de reverter essa situação está nas mãos das próprias mulheres. Necessário que a mulher tome consciência de que não pode ter vergonha por atitude da qual é a única vítima.

O importante é não esquecer que a única forma de coibir a prática do crime de assédio sexual é a denúncia. É necessário desestimular sua prática, pois a ausência de punição alimenta a falta de consciência de sua ilicitude.

Não dá mais para calar!

(Artigo publicado no *site* Universo Jurídico. Disponível em: <http://www.uj.com.br/>. Acesso em: 20 jan. 2004).

O estupro da lei

Os crimes contra a liberdade sexual são nominados no Código Penal de "delitos contra os costumes", como se o bem tutelado fosse a sociedade, e não a inviolabilidade corporal da mulher.

Igualmente, a Lei n° 9.099, de 26/9/95, que criou os Juizados Especiais, condicionou os delitos de lesão corporal leve e lesão culposa à representação do ofendido, transmitindo à vítima a iniciativa de buscar a punição do agressor. Assim, os ilícitos domésticos, quando o agressor é marido ou companheiro da vítima, praticamente se tornaram crimes invisíveis.

Mas tudo isso não basta para evidenciar que a Justiça mantém um viés discriminatório e preconceituoso quando a vítima é a mulher.

A Lei n° 8.072/90 qualificou certos crimes como "hediondos" e, além de majorar as penas, impediu a progressão do regime. Modo expresso, os incisos V e VII do art. 1° elencaram como hediondos o estupro e o atentado violento ao pudor, bem como a forma qualificada de ambos.

Publicada a Lei, pôs-se em dúvida sua constitucionalidade, pois o inciso XLVI do art. 5° da Constituição Federal assegura a individualização da pena. Porém, o Supremo Tribunal Federal, em decisão plenária e unânime, já declarou que ela é constitucional. Assim, ou a Lei é constitucional e deve ser aplicada em todas as hipóteses expressamente elencadas ou, se é inconstitucional, não pode ser invocada em nenhum caso. Mas, de forma inusitada, o Supremo Tribunal Federal, em 08/6/99, decidiu que o atentado violento ao pudor só é crime hediondo se resultar em lesão corporal grave ou morte.

Essa posição fez seguidores, e recente decisão do Tribunal de Justiça do Rio Grande do Sul, revisando condenação imposta antes dessa decisão, permitiu a progressão do regime, acolhendo a orientação de que o "estupro simples" não é hediondo.

Foi esquecida, assim, recente decisão do Superior Tribunal de Justiça, que em 02/4/2001 referiu: *Basta que o estupro ou o atentado violento ao pudor tenha sido cometido mediante grave ameaça ou violência real, independentemente de ter resultado morte ou lesão corporal grave, para que se imponha o reconhecimento do caráter hediondo da ação criminosa.* Essa, indiscutivelmente, é a melhor orientação, pois guarda consonância com os termos da lei. Mas não foi adotada.

Não há como deixar de reconhecer que ocorreu verdadeira banalização dos delitos contra a mulher, pois o estupro é sempre um crime hediondo.

Tal decisão, além de ensejar uma enxurrada de pedidos de revisão, acabou cometendo verdadeiro estupro contra a Lei.

(Artigo publicado no Jornal Zero Hora, Porto Alegre – RS, 14/7/01, p. 13; na Edição nº 82 da coluna eletrônica <www.diegocasagrande.com.br> *Opinião sem Meias Palavras* desenvolvida pelo jornalista Diego Casagrande; no Jornal Correio do Povo, Porto Alegre – RS, 14/7/01, p. 04; no Jornal Fêmea, nº 103, p. 09; no Jornal do Advogado, Belo Horizonte – MG, out-2001, p. 08; e no *site* Universo Jurídico. Disponível em: http://www.uj.com.br/. Acesso em: 12 jan. 2004).

Manifesto sobre o estupro

Texto que subsidiou a campanha nacional desencadeada pelo Movimento de Mulheres buscando a reversão da jurisprudência que desqualificava o estupro como crime hediondo.

O combate à violência contra as mulheres tem sido uma pauta político-jurídica permanente do movimento de mulheres no Brasil, chamando a atenção dos Poderes e exigindo ações públicas de contenção à violência. A luta pela igualdade ajudou a consagrar constitucionalmente o princípio da não-discriminação em função do sexo e o entendimento de que *a violência contra as mulheres é uma violação aos direitos humanos*. Mas a consagração desses direitos não tem recebido garantia de cumprimento de parte dos operadores do Direito, que têm dificuldade de assimilar e compreender as questões de gênero. Exemplo dessa resistência é a decisão do Supremo Tribunal Federal que criou o "estupro simples" e considerou hediondo apenas o estupro "qualificado", ou seja, aquele que resulta em lesão grave ou morte da vítima. Essa decisão imediatamente gerau tão forte corrente jurisprudencial, que levou o 4º Grupo Criminal do Tribunal de Justiça do Rio Grande do Sul a conceder revisão criminal a uma condenação imposta anteriormente.

Ainda que a Lei dos Crimes Hediondos (Lei nº 8.072/90) seja considerada inconstitucional por corrente doutrinária e jurisprudencial – sob o fundamento de violar princípios constitucionais penais, como o da individuação da pena –, sua constitucionalidade foi reafirmada pelo próprio Supremo Tribunal Federal, continuando no ordenamento jurídico. Tal Lei elenca como hediondo o crime de estupro, uma das mais graves violências cometidas contra as mulheres, pois violadora de mais de um bem juridicamente tutelado, como a liberdade sexual e a integridade física, emocional e mental. A violência na prática do ato sexual indesejado é a essência do crime, que não tem qualificativos de maior ou menor hediondez, pois pressupõe a imposição ou anulação da vontade de uma pessoa. A posição da jurisprudência nacional, ao fazer distinção e graduação entre "estupro simples", não-hediondo, e "estrupo qualificado" criou uma hierarquia que não está na Lei, banalizando a violência contra a mulher. Ao ignorar que o estupro é sempre um crime hediondo, beneficiou o estuprador e penalizou a vítima. É uma postura conservadora e sexista, porque se limitou a desqualificar um delito cometido contra as mulheres, tratando-o de forma preconceituosa e discriminatória. Ao não aplicar a Convenção Interamericana para Prevenir, Punir e Erradicar a Violência contra a Mulher, a Justiça negou eficácia constitucional a instrumento internacional de direitos humanos, em especial dos direitos humanos das mulheres, consagrando a lógica do casuísmo androcêntrico.

Essa decisão pode ser considerada uma ofensa à luta das mulheres no Brasil, pois representa verdadeiro retrocesso contra as conquistas femininas, devendo ser aceita como um desafio, não só pelo movimento de mulheres, mas pela sociedade, para que a Lei dos Crimes Hediondos, enquanto não revogada, seja cumprida, pois é necessário dar um basta à discriminação e à violência contra as mulheres.

(Artigo publicado no *site* Universo Jurídico. Disponível em: <http://www.uj.com.br/>. Acesso em: 12 jan. 2004).

Estupro: um crime duplamente hediondo

Palestra proferida no II Seminário "Dos direitos que se tem aos direitos que se quer", promovido pelo Conselho Estadual dos Direitos da Mulher e pelo Movimento de Mulheres Gaúchas, na cidade de Porto Alegre – RS, em 27.11.2001.

Decisão do 4º Grupo Criminal do Tribunal de Justiça do Rio Grande do Sul, de 22 de junho de 2001, por maioria de votos, em sede de revisão criminal, atribuiu efeito retroativo à condenação que havia sido imposta ao réu em face da alteração da jurisprudência que emprestou classificação mais benéfica ao delito pelo qual foi condenado. Essa decisão, por admitir a possibilidade revisional da pena, tomando por parâmetro não o surgimento de lei mais benéfica, mas de jurisprudência mais benevolente, alcançou larga repercussão, pelo seu caráter inovador. Pela primeira vez, admitiu-se a aplicação retroativa fora do parâmetro estritamente legal. Em longo e erudito voto, o Relator invocou o princípio da isonomia, para sustentar que, em face da evolução da jurisprudência, descabido seria manter a apenação anteriormente imposta, o que ensejaria tratamento desigual a réus sujeitos a diferentes penas pela prática de delitos iguais.

A publicização desse julgamento, além do ineditismo de admitir nova possibilidade revisional, acabou gerando profunda reação social e contundente clamor do movimento de mulheres. É que o réu havia sido condenado pela prática do crime de estupro, crime que a Lei nº 8.072/90 arrola como hediondo. Dita lei – nominada de Lei dos Crimes Hediondos –, além de indicar os crimes que assim passaram a ser considerados, declinou os dispositivos legais dos delitos a que se refere. O art. 1º diz: *São considerados hediondos os crimes de ... estupro (art. 213, caput, "e" sua combinação com o art. 223, caput e parágrafo único)*. O mesmo tratamento foi deferido ao atentado violento ao pudor. Ademais, o art. 6º majorou a pena de todos os crimes que elencou. Ora, diante de tão clara explicitação legal, é inquestionável que a lei considerou hediondo o estupro independentemente de resultar em lesão corporal grave ou morte.

Além da majoração das penas, conseqüências outras foram impostas pela Lei. Os crimes foram considerados inafiançáveis, não fazendo jus os infratores à liberdade provisória nem à anistia, à graça ou ao indulto. A pena deve ser cumprida integralmente em regime fechado, só havendo possibilidade de obtenção de livramento condicional após o cumprimento de dois terços da condenação.

Esses agravamentos fizeram surgir questionamentos de ordem doutrinária e jurisprudencial sobre a constitucionalidade da Lei, principalmente em face do impedimento de progressão da pena, tida como garantia constitucional, visto que o inciso XLVI do art. 5º da Constituição Federal afirma que *a lei regulará a individualização da pena*. Contudo, o Plenário do Supremo Tribunal Federal já decidiu *que não há inconstitucionalidade no rigor legal frente à caracterização legal da hediondez*.

Ante esse panorama, dúvida não há de que o delito de estupro é sempre crime hediondo, ficando seu autor sujeito à pena mais exacerbada e aos demais rigores previstos na lei.

Entretanto, decisão do Supremo Tribunal Federal, de 8 de junho de 1999, tendo como Relator o Ministro Néri da Silveira, de forma singela afirmou que, para o estupro ser classificado como crime hediondo, é necessário que dele resulte lesão corporal de natureza grave ou morte. Dita distinção acabou por operar a desclassificação do estupro, que passou a ser chamado de "simples". Ou seja, o estupro deixou de ser considerado um crime hediondo. Hedionda é somente sua forma "qualificada", isto é, quando resultar lesão corporal grave ou morte da vítima. Essa verdadeira graduação ou hierarquização, sem maiores questionamentos ou indagações, foi acolhida de pronto. Consolidou-se a jurisprudência, que passou a ser aplicada por juízes e confirmada pelos tribunais de todo o País, chegando, inclusive, a ensejar a revisão da pena pelo Tribunal gaúcho.

Dita orientação, felizmente não-unânime, além de flagrantemente contrária à lei, revela nítido caráter sexista, pois deixa de atentar em que a hediondez do estupro está na sua prática, e não nas seqüelas de ordem física que possa haver provocado na vítima. Trata-se de delito complexo, que, além de atentar contra a liberdade sexual da mulher, agride sua integridade física, emocional e mental. A essência do crime é o uso da violência na prática do ato sexual indesejado, não havendo a possibilidade de se ter como qualificativo de maior ou menor hediondez a ocorrência de lesões corporais ou morte. É evidente que não é a *impossibilidade para o desempenho das ocupações habituais por mais de trinta dias* ou a *aceleração do parto*, por exemplo, que fazem do estupro um crime "qualificado". De outro lado, não há como ser classificado o estupro como "simples" se resultar em gravidez, até porque existe a possibilidade da prática do aborto.

Não são eventuais conseqüências de ordem física que caracterizam o estupro como crime hediondo, mas, sim, as seqüelas de ordem psíquica e emocional que marcam a mulher para o resto da vida, ainda que de forma invisível. Como as lesões psicológicas são irreversíveis, afirmar que o estupro "simples" escapa à regulamentação da Lei nº 8.072/90, além de evidenciar flagrante desrespeito à lei, também afronta os princípios constitucionais que asseguram a igualdade e vedam a discriminação em razão do sexo. Do mesmo modo deixa à mostra o descumprimento dos tratados internacionais, em especial da Convenção Interamericana para Prevenir, Punir e Erradicar a Violência contra a Mulher, que foi subscrita pelo Brasil.

A Justiça, ao abrandar a incidência da Lei em favor do réu, acaba penalizando a vítima, que ainda é vista como objeto sexual, havendo a tendência de fazer recair sobre ela boa parte da responsabilidade pelo acontecido. A exigência de lesão grave ou morte leva à banalização do delito, cuja vítima é a mulher, operando verdadeira violência institucional contra o Direito Penal.

Essa tendência, que vem se alastrando, significa verdadeiro retrocesso das conquistas feministas e evidencia que ainda existe no Judiciário uma postura preconceituosa e discriminatória, estando a jurisprudência a praticar um verdadeiro estupro da lei, um crime duplamente hediondo.

(Artigo publicado no Jornal Correio Braziliense, 27/8/2001, Caderno Direito & Justiça, p. 01; na Revista Síntese de Direito Penal e Processual Penal, nº 11, dez-jan/2002, p. 51/53; na Revista Justilex, n. 20, agosto de 2003, p. 28/29; no *site* Estudando.com, 20 set. 2003. Disponível em: <http://www.estudando.com/>. Acesso em: 25 set. 2003; e no *site* Universo Jurídico. Disponível em: <http://www. uj.com.br/>. Acesso em: 12 jan. 2004).

Aborto, um direito legal

Participação no debate no Plenário da Câmara dos Deputados, perante a Comissão Geral da Câmara Federal, no dia 25 de novembro de 1997, em Brasília – DF.

Senhor Presidente:

Obrigada por permitir que adentre este verdadeiro sacrário da democracia, para, por meio de seus legítimos representantes, falar ao povo sobre o seu direito maior: o direito à vida, garantia primeira da Constituição Federal.

O tema do aborto nunca é tratado sem uma forte carga de emotividade. Tem desdobramentos que não se situam só no campo legal e médico, pois tem contornos na Ética, na Filosofia, na Psicologia e implicações na Religião e na Política.

É mister, porém, que seja visualizada a questão em seu enfoque jurídico, pois aqui se está questionando a constitucionalidade do art. 128 do Código Penal, no momento em que se busca autorizar o Sistema Único de Saúde – SUS – a lhe dar efetividade.

De primeiro, cabe destacar que o direito à vida, consagrado como garantia individual no art. 5º da nossa Carta Constitucional, sempre constou de todas as Constituições pátrias, como, aliás, nas leis dos países do mundo civilizado.

Ainda que decantado como direito inviolável, a lei prevê o que chama de excludentes de antijuridicidade. São hipóteses em que não há crime, não é delito, não se pune atentar contra a vida. Assim, não é considerado ilícito, por exemplo, agir em legítima defesa ou em estado de necessidade. São situações em que a lei reconhece a inocorrência de ato delituoso, ou seja, autoriza a preservação de direito próprio, ainda que se tenha que sacrificar outro bem jurídico. No entanto, de tais permissivos legais ninguém jamais questionou a constitucionalidade.

O Código Penal – estatuto que data de 1940 – criminaliza o aborto, mas prevê duas situações em que sua prática não configura delito. Em mais de 50 anos de sua vigência, nunca se sustentou afronta à Constituição na possibilidade da interrupção da gravidez que resultar de estupro ou por estar a gestante em risco de vida. Por evidente, essas hipóteses também são excludentes de antijuridicidade, pois, ao autorizar o aborto, expressamente diz a lei que não se está diante de um crime.

A necessidade de ditas excludentes serem previstas de modo destacado das demais causas de descriminalização decorre do fato de que naquelas outras a ação defensiva é praticada pelo próprio agente, no momento em que está em situação de perigo. Para a interrupção da gravidez, todavia, é indispensável a participação de outra pessoa, ou seja, é preciso a intervenção de um médico.

Reconhece, pois, a lei que não se pode exigir que alguém permaneça em situação que expõe a perigo a própria vida, que corra riscos. Inquestionável que legítima é sua defesa, pois seu agir decorre do estado de necessidade de preservar a própria vida.

De igual forma, o estupro, classificado como crime hediondo, atinge a dignidade e viola a integridade física da mulher. Não cabe impor a quem foi violentada que permaneça em suas entranhas com o que se pode identificar quase como o fruto do crime. Querer livrar-se da gravidez configura causa de exclusão de criminalidade por inexigibilidade de outra conduta, situação que, na órbita penal, autoriza um juízo de absolvição.

Obrigar a mulher a levar a termo a gestação, a submeter-se ao parto é quase perpetuar o delito, é transformar seu corpo em mero aparelho reprodutor.

Não se pode exigir de um ser humano esse sacrifício, facultando-lhe tão-só que entregue o que nem consegue reconhecer como filho ao nosso combalido Estado, para que cumpra o dever que lhe impõe o art. 227 da Carta Magna: assegurar-lhe, com absoluta prioridade, o direito à vida, à saúde, à alimentação, à educação, ao lazer, à profissionalização, à cultura, à dignidade, ao respeito, à liberdade e à convivência familiar e comunitária, além de colocá-lo a salvo de toda forma de negligência, discriminação, exploração, violência, crueldade e opressão.

Há que ser garantido o direito de escolha. Mas, para isso, é necessário que seja assegurada a liberdade de opção. Ora, não se pode falar em escolha livre sem que haja a possibilidade de eleger entre mais de uma solução.

Atualmente, só a elite, que tem condições de atender aos exorbitantes valores cobrados pelas clínicas particulares, pode exercer o direito de escolha. Aquela que não tem como pagar precisa submeter-se a procedimentos clandestinos, cujos riscos, por demais conhecidos, a sujeitam a seqüelas que todos sabemos quais são.

Por isso, o próprio Estado, que autoriza a sua prática, não pode se omitir, deixando de fornecer os meios para a sua realização de forma segura. Assim, em inúmeras vezes, paga a mulher, com a própria vida, o exercício de direito que a lei lhe confere.

A quem tenta impedir o Estado de cumprir com sua função de dar efetividade aos direitos e garantias é que cabe questionar: onde está o direito à vida assegurado em nossa Constituição?

Ainda que pareça paradoxal, falar em aborto é falar em vida.

(Publicado no *site* Estudando.com. Disponível em: <http://www.estudando.com/>. Acesso em: 25 set. 2003 e no *site* Universo Jurídico. Disponível em: <http://www.uj.com.br/>. Acesso em: 12 jan. 2004).

Versão reduzida e sob o título *Aborto Legal* foi publicada no Diário da Justiça, edição de 1º/01/1997; no Jornal Mulher, nº 25, p. 05, jan/1998; no *site* Estudando.com. Disponível em: <http://www.estudando.com/>. Acesso em: 25 set. 2003 e no *site* Universo Jurídico. Disponível em: <http://www.uj.com.br/>. Acesso em: 12 jan. 2004).

Aborto: direito ou crime?

Palestra proferida no 46º Congresso Brasileiro de Ginecologia e Obstetrícia, promovido pela Federação Brasileira de Ginecologia e Obstetrícia, em 08.11.1995, Porto Alegre – RS.

Direito ou Crime? Evidentemente, uma pergunta que não tem resposta. Ainda que violando uma lei da natureza, cometendo um pecado, praticando um crime, as mulheres fazem aborto.

Trata-se de tema que não se situa só no campo legal e médico. Tem contornos na Ética, na Filosofia, bem como na Religião e na Política, e nunca é enfrentado sem uma carga de emotividade. Porém, é de atentar numa realidade: o aborto existe e é praticado aos milhares. A clandestinidade em que é realizado não permite chegar-se a números, mas é possível afirmar que a cada nascimento corresponde um aborto.

O Código Penal, que data de 1940, incrimina o aborto. Sofrendo a sociedade, à época, uma influência decisiva da Igreja, fácil é entender a sua previsão como um delito. As causas de exclusão da antijuridicidade – existência de perigo à vida da mãe e gravidez decorrente de estupro – bem refletem a primazia do conceito de honra dentro de um contexto familiar patriarcal. Por outro lado, a ausência de regulamentação do aborto eugênico deixa à mostra o direcionamento do legislador pátrio de desrespeito à qualidade de vida.

Inquestionável que o abortamento está sendo usado como método contraceptivo, quer por falta de esclarecimento, quer por ausência de recursos para a adoção de práticas preventivas, quer por inexistência de um programa efetivo de planejamento familiar. Por ser um procedimento clandestino, tornou-se uma rendosa indústria, resultando impunes inúmeros casos de morte, lesões e esterilidade. As complicações, que ocorrem sempre entre a camada mais pobre, acabam onerando o serviço previdenciário estatal. Também é atingida faixa da população economicamente ativa, pois a fertilidade feminina da menarca ao climatério coincide com a sua produtividade.

É mister que se repense a postura do Estado diante dessa realidade e se enfrente a questão como de saúde pública. Imperioso que se pare de ver a mulher como agente da função social de produzir indivíduos como força de trabalho, deixando de se fazer o questionamento sobre mais-valia, se a vida da mulher ou do feto.

(Artigo publicado no Jornal da Associação do Juízes do Rio Grande do Sul - AJURIS, Porto Alegre-RS, nº 54, dez/98; em Juízes para a Democracia, ano 5, nº 16, jan-fev/1999, p. 07; no *site* Estudando.com. Disponível em: <http://www.estudando.com/>. Acesso em: 25 set. 2003; e no *site* Universo Jurídico. Disponível em: <http://www.uj.com.br/>. Acesso em: 15 jan. 2004).

Aborto, uma questão social

Não se pode negar que o problema do aborto não tem solução, por afrontar o paradoxo entre a vida e a morte. Quando há interesses contrapostos, a discussão é sempre polarizada. É difícil encontrar uma resposta que componha satisfatoriamente a questão, principalmente quando segmentos éticos e religiosos apregoam uma repressão rígida e determinados grupos feministas radicais acabam preconizando a banalização do aborto, fazendo surgir o risco, por todos indesejado, de ser usado como método de controle da natalidade.

Mas não se pode pensar nesse problema sem deixar de arrostar uma realidade, ainda que triste. No Brasil, são praticados um milhão de abortos por ano. Como se trata de prática clandestina, difícil sua exata quantificação, havendo quem fale em um milhão e meio. Ainda há quem diga que a cada nascimento corresponde um abortamento. Soma-se a esses assustadores números outro dado: 10.000 mulheres morrem anualmente em decorrência de procedimentos de má qualidade. É a maior causa de morte feminina. Por isso, justifica-se a insistência da OMS em apontar o Brasil como recordista mundial em abortos provocados.

Assim, o aborto, ainda que se trate de uma questão que tem desdobramentos na Medicina, na Psicologia, na Religião, no Direito, na Política, na Ética, tem um aspecto mais saliente: trata-se de uma questão social.

O Estado precisa cumprir sua função de controlar a sociedade e assegurar a vida de todos. Dizer a lei singelamente que determinado ato é um crime não coíbe sua prática. Optar pela preservação da vida de um embrião deixa de garantir a vida das mulheres; ignora-se que a interrupção da gravidez é realizada clandestinamente. Portanto, a criminalização do aborto não basta para impedir que continue a ser levado a efeito, mas em condições adversas, face à falta de controle estatal.

Atualmente, só a elite, que tem condições de atender aos exorbitantes valores cobrados pelas clínicas particulares, pode exercer o direito de escolha. Aquela que não tem como pagar precisa submeter-se a procedimentos clandestinos, cujos riscos são por demais conhecidos, sujeitando-a a seqüelas que todos sabem quais são.

Restringir as possibilidades abortivas ao chamado aborto terapêutico (quando há risco de vida à gestante) e ao aborto emocional (decorrente de estupro), é permanecer não visualizando a questão social. Igualmente, a simples descriminalização do aborto eugênico (quando o feto é portador de graves e irreversíveis anomalias físicas ou mentais) e da interrupção da gravidez decorrente de prática não-consentida de reprodução assistida, constantes do anteprojeto que busca dar nova redação ao art. 128 do Código Penal, com certeza não levará à reversão desse quadro.

Necessário que deixe a mulher de ser vista como verdadeiro depósito de maternagem, concepção decorrente da sacralização da família como entidade destinada à procriação. Não deve o Estado se substituir à vontade da mulher, que tem o direito de decidir sobre sua vida e sobre a assunção de prole.

A responsabilidade pela formação do cidadão, que deveria ser do Estado, é delegada à família, como se vê do art. 227 da Constituição Federal, que outorga primeiro à família, à sociedade e por último ao Estado a tarefa de formar e proteger as crianças e os adolescentes. Essa responsabilidade recai quase sempre sobre os ombros da mãe, sendo indispensável assegurar-lhe o direito de optar.

Essa atitude omissiva está a penalizar exclusivamente quem foi privada de uma educação reprodutiva, quem não tem acesso a meios seguros de contracepção ou ainda quem não tem condições de interromper, ainda que às escondidas, uma gestação indesejada em clínicas particulares. Nestas, ainda que se realizem procedimentos abortivos revestidos de segurança, valores exorbitantes são cobrados, exatamente pela omissão do Estado de fiscalizar sua prática.

Por isso, urge que assuma o Estado sua função de preservar a vida e a dignidade do cidadão, no caso, das cidadãs. A transformação de mulheres e adolescentes em criminosas, com certeza, não tem tido o efeito esperado, pois não coíbe nem impede que se deixem abortar. Os danos biopsicológicos que inquestionavelmente ocorrem fazem com que a imputação da culpabilidade leve à exacerbação dessas seqüelas. Os prejuízos emocionais ao certo somente serão minimizados se for desclandestinizada a sua prática, e o primeiro passo deve ser sua descriminalização.

> (Artigo publicado no *site* Estudando.com. Disponível em: <http://www.estudando.com/>. Acesso em: 25 set. 2003; no *site* Universo Jurídico. Disponível em: <http://www.uj.com.br/>. Acesso em: 15 jan. 2004; e na versão virtual da Revista Consulex, n° 172. Disponível em: <www.consulex.com.br>. Acesso em: 25 mar. 2004).

O aborto como direito humano

Um dos princípios basilares do estado democrático de direito é o da liberdade, que, juntamente com o da isonomia, sustenta o direito maior de respeito à dignidade da pessoa humana – elementos constitutivos dos direitos humanos fundamentais.

A Carta Constitucional, ao tratar da família, além de considerá-la a *base da sociedade* (art. 226), repetiu o princípio da igualdade: *...exercidos igualmente pelo homem e pela mulher* (§ 5º do art. 226). Enfatiza o § 7º do mesmo artigo: *Fundado nos princípios da dignidade da pessoa humana e da paternidade responsável, o planejamento familiar é livre decisão do casal.*

No momento em que é admitido o planejamento familiar e se assegura ao casal a liberdade de decidir sobre a eventualidade da prole, é imperioso reconhecer que está consagrada constitucionalmente a paternidade responsável, não sendo possível excluir qualquer método contraceptivo para manter a família dentro do limite pretendido pelo par. Diante da clara dicção da norma constitucional autorizando o controle da natalidade, somente se pode concluir que a prática do aborto restou excluída do rol dos ilícitos penais. Mesmo que não se aceite a interrupção da gestação como meio de controlar a natalidade, inquestionável que gestações involuntárias e indesejadas ocorrem, até porque os métodos preventivos disponíveis não são infalíveis. Por conseqüência, somente se for respeitado o direito ao aborto é que a decisão sobre o planejamento familiar se tornará efetivamente livre, como assegura a Constituição.

Mais: de forma expressa, o § 7º do mesmo art. 226 diz que compete *ao Estado propiciar recursos educativos e científicos para o exercício desse direito*. Portanto, além de não poder proibir a interrupção da gravidez, o Estado tem o dever de proporcionar recursos para sua prática, assegurando os meios para sua realização de forma segura. *Propiciar recursos educativos* significa fornecer informações sobre métodos contraceptivos e *propiciar recursos científicos* quer dizer disponibilizar meios contraceptivos, bem como proceder à interrupção da gestação por médico habilitado por meio da rede pública de saúde.

Imperioso concluir que, em face da falta de recepção pelo novo sistema jurídico, perdeu o aborto seu caráter ilícito, em qualquer caso, e não só nas hipóteses em que a lei penal previa a possibilidade de sua prática como excludente da criminalidade. A questão deixou de ser penal. Tornou-se – apenas – uma grande questão social, diante da qual não se pode mais manter passiva a cidadania e ativo o preconceito. Moralmente, hoje, não é mais crime abortar; criminoso é ignorar o aborto como fato social existente, clamando por regramento jurídico atual e adequado. Fechar os olhos diante dos fatos já de há muito deixou de ser a "solução". Não obstante tenha o legislador em 1940 criminalizado o aborto, o fato é que a sociedade não reconhece sua prática como crime. Hoje é socialmente aceita – exceção apenas de algumas minorias religiosas radicais – a idéia de que o aborto não é um delito.

De outro lado, impor à mulher limitações ao exercício do livre arbítrio sobre o próprio corpo implica afrontar o princípio da igualdade que equipara mulheres e homens. Essa afronta é repelida pela ordem constitucional, que impõe a isonomia como dogma que sustenta a dignidade da pessoa humana.

A guerra das mulheres pela sua liberação tem sido, na realidade histórica, uma seqüência de batalhas e vitórias. No começo, foi necessário lutar pela cidadania, em busca do direito ao voto. Depois se perseguiu o direito à plena capacidade, perdida em decorrência do casamento. Seguiu-se a busca da sobrevivência, ou seja, o direito ao trabalho economicamente valorado, até que se começou a perseguir o direito à sexualidade, ao prazer. A liberdade de escolher a maternidade foi conquistada com o surgimento dos métodos contraceptivos. Finalmente, para a prática de sua total independência, estão buscando as mulheres o direito de não se submeter à gestação indesejada.

A mulher suporta a gravidez e todos os seus transtornos, não podendo ser considerada como mero instrumento reprodutor. Vivendo na era dos direitos humanos, em que vicejam e se desdobram como garantias fundamentais a liberdade e a igualdade, há que atentar no direito da mulher de não querer levar uma gestação indesejada a termo.

Mais importante que a descriminalização é a regulamentação de sua prática, para banir a mais terrível conseqüência que a clandestinidade encerra, e os números revelam: ninguém está cumprindo pena por haver se submetido a um aborto, mas as estatísticas informam que, a cada nascimento, corresponde um aborto. Há dados mais cruéis: todos os anos são realizados no mundo mais de 20 milhões de abortos, que resultam em 78 mil mortes; a cada dia quase 1.400 mulheres – uma a cada minuto – morrem de complicações decorrentes da gravidez, do parto ou da tentativa de abortamento. O risco de morte é de um em cada sessenta e cinco casos.

Daí a necessidade da desclandestinação do aborto, por ser uma violência contra a vida – contra a vida da mulher e da própria criança.

O filho, por não haver sido desejado, quantos abortos não sofrerá vida afora? Certamente sofrerá incontáveis abortos: o aborto da violência, da fome, da indiferença, da cobrança, da exclusão social. Quantas vezes será violado seu direito constitucional à vida, à saúde, à alimentação, à dignidade, ao respeito, à liberdade e à convivência familiar? Todos esses direitos só serão exercitados se viver em um "lar" – Lugar de Afeto e Respeito, onde o maior direito é o direito ao amor. Direito de todos e de cada um.

Em nome do pai

Palestra proferida pela realização do Ciclo de Palestras "Em Nome do Filho", promovido pelo Instituto Interdisciplinar de Direito de Família – IDEF, na cidade de Porto Alegre – RS, em 23.06.2001.

A família é a base da sociedade. É o que diz a Constituição Federal.

É também a Constituição que atribui ao homem e à mulher o exercício, em igualdade de condições, dos direitos e deveres referentes à sociedade conjugal. Ao consagrar a paternidade responsável, admitir o planejamento familiar, assegurando ao casal a liberdade de decidir sobre a eventualidade da prole, a Constituição estabelece o princípio isonômico também no seio da família.

No entanto, as questões relativas à filiação são tidas como algo que só diz respeito à mulher. Alavancada pelo movimento feminista, a procriação é vista como um direito feminino, e a livre decisão sobre a mantença ou não da gestação é a bandeira que leva às últimas conseqüências a emancipação feminina. Mas, se é conferida ao casal a decisão do planejamento familiar, qual o papel do pai? Em que medida poderá o homem influir, tanto sobre o uso dos métodos contraceptivos como sobre a possibilidade de a mulher interromper a gravidez?

Mesmo que não se negue que a mulher suporta a gravidez e todos os seus transtornos, será que a função parental só surge com o nascimento? Antes disso, nenhuma influência, nenhum significado, ou ainda nenhum direito é reconhecido ou assegurado ao pai?

Para alimentar o debate, talvez caiba lembrar que, decidindo a mulher levar adiante a gravidez, nenhuma relevância tem a vontade do genitor. Se ele não aceitar a gestação, eventual tentativa sua de persuadir a mulher a interrompê-la é tida como gesto hediondo e desumano. Mesmo que não se trate de um filho desejado pelo pai, a paternidade lhe é impingida, ainda mais no atual estágio da engenharia genética, em que a identificação do vínculo biológico é praticamente certa. Assim, além da paternidade, também é imposta ao pai a obrigação de mantença do filho, inclusive sob pena de prisão.

Cabe figurar a hipótese de, após um longo e doloroso tratamento, conseguir um homem engravidar uma mulher. Se ela, por mero capricho, por birra talvez, quiser interromper a gestação, é de questionar: será que o genitor, sabendo que não mais poderá ter filhos, tem legitimidade para tentar impedir o abortamento? Poderá buscar, na via judicial, obstaculizar que tal prática se consuma? Mais: poderá assumir de forma válida a paternidade, comprometendo-se a ficar com a guarda do filho?

Não dá para, singelamente, nessa hipótese, invocar o direito do nascituro antes do nascimento, pois esse é um direito que a lei assegura ao feto, e não a quem o concebeu.

É certo que não se pode considerar a mulher como mero instrumento reprodutor, mas, como se está vivendo na era dos direitos humanos, em que vicejam e se desdobram como verdadeiros ícones a igualdade e a liberdade, não há como deixar de atentar em que existem não só deveres e obrigações do pai, há também o direito do pai, o direito de ser pai.

(Artigo publicado na Revista Justilex, nº 21, setembro de 2003, p. 30/31; no *site* Estudando.com. Disponível em: <http://www.estudando.com/>. Acesso em: 25 set. 2003 e no *site* Universo Jurídico. Disponível em: <http://www.uj.com.br/.> Acesso em: 30 jan. 2004).

Versão ampliada deste artigo e com o nome "O Direito do pai" foi publicada no *site* Espaço Vital Virtual. Disponível em: <http://www.espacovital.com.br/artigomariaberenice8.htm>. Acesso em: 15 ago. 2003; Jornal da Manhã, Ijuí – RS, em 12.08.2003, p. 2; Jornal Minuano, Bagé – RS, em 29.08.2003, Caderno Ellas, p. 10; Jornal Braças Literárias, Dom Pedrito – RS, nº 08, setembro de 2003, p. 11 e no *site* Universo Jurídico. Disponível em: <http://www.uj.com.br/>. Acesso em: 02 fev. 2004.

Vida ou morte: aborto e eutanásia

Falar sobre aborto e eutanásia é um verdadeiro paradoxo, pois é enfrentar o tema da vida e da morte. Quando há interesses contrapostos, a discussão é sempre polarizada e se torna difícil encontrar uma resposta que componha satisfatoriamente qualquer questão, principalmente quando se depara, de um lado, com fanatismo religioso que apregoa uma repressão rígida e, de outro, com o radicalismo de algumas feministas que acabam banalizando o aborto, o que pode levar ao risco, por todos indesejado, de que ele seja usado como mero método de controle da natalidade.

As polêmicas são invencíveis, ainda mais quando se trata de questões que têm ressonância na Medicina, na Psicologia, na Religião, no Direito, na Política, na Ética, na Bioética. Por todos esses desdobramentos, imperiosa uma visão multifacetária frente a determinadas situações que geram um verdadeiro entrelaçamento interdisciplinar.

Ainda que todos tenham como bem maior a vida, não se pode pensar em tal substantivo sem adjetivações, pois, o que se deseja é uma vida boa, saudável e feliz. Ao confrontar-se a ausência de tais predicados é que cabe questionar a quem pode ser dado o poder de decidir sobre a vida ou a morte, quer de um embrião, quer de um enfermo incurável.

Assim, mesmo que todos queiram ter o direito de viver – ou seja, nascer – e almejem uma morte boa – que é o significado da palavra *eutanásia* –, há realidades que merecem ser enfrentadas. Descabem apreciações exclusivamente sobre aspectos pessoais decorrentes de convicções íntimas de origem ética, religiosa ou ideológica.

Perquirir quem é contra ou quem é a favor, com certeza, não leva a lugar algum. Não passaria de mera consulta plebiscitária. O enfoque a ser dado tem um âmbito de abrangência muito maior, merecendo ser encarado de frente, principalmente em face da chocante realidade que se tem presente.

O Estado elegeu como bem maior a vida, acabando por criminalizar qualquer ato, prática ou mecanismo que leve à exclusão até mesmo da sobrevida inviável. Desde o momento da concepção até a ocorrência da morte mediante a cessação de todos os sinais vitais, é vedado qualquer ato, qualquer gesto, qualquer omissão que impeça a mantença da vida, postura que inclusive integra a esfera do Direito Penal, configurando crime.

Quanto ao aborto, são abertas duas exceções legais. Uma delas é estar a mãe sofrendo risco de vida, situação que praticamente configura legítima defesa ou até estado de necessidade. A outra autorização de abortamento é no caso de a gestação decorrer da prática do hediondo crime de estupro. Essa excludente de criminalidade admitida pelo legislador visa muito mais à preservação da família, a impedir o nascimento de um filho ilegítimo ou incestuoso, que não merecia, até o advento da atual Constituição Federal, o direito ao reconhecimento de sua paternidade. O bem juridicamente tutelado não era – e continua não sendo – garantir a liberdade de interromper o sofrimento da mulher de enfrentar uma gestação originada de um ato de violência. Cabe lembrar que o Código Penal data de 1940, quando rígidos eram os costumes, e a mulher inclusive não dispunha da plena capacidade se casada fosse. Assim, não se pode deixar de reconhecer que o bem protegido é a unidade familiar, para livrá-la de um filho espúrio, sem se preocupar com o direito da vítima de repudiar o fruto de um ato de violência.

Mesmo que não admita a lei, a não ser nessas restritas hipóteses, não se pode deixar de arrostar uma realidade, ainda que triste: o aborto é praticado em larga escala. Dizer que é pecado, que é crime não coíbe sua prática. Como se trata de prática clandestina, difícil sua exata quantificação. O aspecto mais saliente ao atentar-se neste fenômeno é que se trata de uma questão social.

Ao optar o Estado pela preservação da vida de um embrião, deixou de garantir a vida das gestantes. Limitando-se simplesmente a ignorar que a interrupção da gravidez indesejada continua a ser praticada, deixa o Estado de cumprir sua função de controlar a sociedade e assegurar a vida de todos. O fato de ser criminalizada sua prática não basta para impedir que abortos continuem sendo levados a efeito, só que em condições adversas, face à falta de controle estatal. Assim, a mulher, além de ter que enfrentar uma gravidez não desejada, ainda põe em risco sua vida, em face dos inadequados procedimentos aos quais tem de se submeter.

Atualmente, só a elite, que tem condições de atender aos exorbitantes valores cobrados por clínicas particulares, pode exercer o direito que a lei assegura. Aquela que não tem como pagar precisa submeter-se a procedimentos clandestinos, cujos riscos são por demais conhecidos, sujeitando-a a severas seqüelas. É no mínimo cruel impedir que se exercite um direito assegurado por lei. Se a própria legislação faculta a possibilidade da interrupção da gestação nos casos em que especifica, nada justifica que não se assegurem os meios para sua realização por intermédio do sistema público de saúde. Ou pior, até nas hipóteses em que há a possibilidade legal e a gestante dispõe de meios econômicos para custear o ato, ainda assim há instituições que se negam à sua prática, fazendo com que se busque desnecessária autorização judicial, que, em inúmeras vezes, é negada.

O único meio para reverter esse preocupante quadro é não só descriminalizar o aborto, mas o desclandestinizar, o que, além de diminuir vertiginosamente o número de mortes maternas, também diminuiria o próprio número de abortos realizados, como já estatisticamente está provado em todos os países que regulamentaram sua prática.

Mas não só quando se fala em vida os questionamentos existem.

Com referência à morte, ou ao direito à morte, que é chamado de eutanásia, mister lembrar o juramento de Hipócrates, consagrador do princípio da benemerência: *Aplicarei os regimes para o bem dos doentes segundo o meu saber e a minha razão, nunca para prejudicar ou fazer mal a quem quer que seja.*

A função do médico é de manutenção da vida, sem preocupar-se, no entanto, com sua qualidade. Face a todos os avanços da Medicina nos mais diversos campos, talvez o grande desafio se cifre hoje no cotejo entre quantidade e qualidade de vida.

Agora já fazem parte dos meios considerados normais ventiladores de pulmão, acesso a exames com resultados rápidos, drogas novas, CTIs com monitorização plena, marca-passos de diversos tipos. Enfim, há todo um aparato que possibilita manter e prolongar vidas inviáveis.

A necessidade de encontrar respostas a esses casos em que a vida é mantida por meios mecânicos é que levou ao surgimento dos chamados Comitês de Ética Institucionais, formados por médicos e representantes da sociedade, religiosos e até filósofos, a quem cabem as decisões de situações-tipo, que poderiam ser tituladas como "casos limítrofes da vida" ou "a discussão sobre os limites da vida".

Cabe lembrar que a morte migrou do coração para o cérebro, pois passou a ser condicionada à cessação de funcionamento deste último. Essa mudança conceitual é que permite a retirada de órgãos para transplantes (que só têm utilidade se extraídos antes da parada do coração), proceder legitimado pela Lei dos Transplantes.

Mas vida continua sendo vida. E as respostas devem ser buscadas na leitura e interpretação dos quatro princípios básicos da Bioética: o da não-maleficência, da beneficência, da autonomia e da justiça.

Não-maleficência significa não fazer o mal. Mas manter vidas inviáveis, com o sofrimento do paciente, será maleficência?

Beneficência é fazer o bem. O médico deve empregar os meios possíveis para garantir a vida. Porém, cabe indagar: é benemerente a atitude do médico de manter a vida pela vida, embora sabendo-a inviável, ainda que vendo a insuportabilidade da dor do paciente?

O princípio da **autonomia** compreende-se como o direito do paciente no uso pleno de sua razão – ou de seus responsáveis, quando faltar consciência – de estabelecer os limites em que gostaria de ver respeitada sua vontade em situações fronteiriças. Assim, cabe questionar: existe o direito do indivíduo de antecipadamente dizer: "não quero que tentem nada"?

Outra hipótese diz com a validade do documento público elaborado por alguém plenamente capaz solicitando que nada seja levado a efeito, em caso de doença incurável, em particular as que desconectam do mundo, ou quando o prolongar a vida seja às custas de intenso sofrimento.

O mais delicado dos princípios é o da **justiça**, em face do qual se questiona: até que ponto é legal, e não apenas legítimo, suspender os suportes de vida? Há uma faceta que sempre é mistificada e escondida e que se encontra subjacente em motivações de ordem econômica. A morte passou a ser asséptica dentro do silêncio barulhento das CTIs. A consciência de todos é aplacada. A consciência dos que lá trabalham, pois tudo fizeram; a consciência dos familiares, porque tudo proporcionaram. Esse fato, no entanto, leva a que os gastos se tornem cada vez mais assustadores. Na luta entre verbas restritas e gastos incompressíveis, um novo termo, um novo eufemismo foi criado: o **não-investimento**.

Indiscutível que a única conclusão a que se pode chegar é de que a vida, sendo um bem contido em si mesmo, certamente não pode nem deve ter rótulos de preço. A justiça não pode ser contabilista.

Pergunta-se: podem os médicos abreviar a vida? Ainda que a resposta seja "não", permanece a pergunta sobre a necessidade de pensar sobre todos esses fatos. A resposta, nesse caso pode ser, "talvez".

Não existem verdades absolutas, são necessárias relativizações. Do poder imperial dos médicos, juízes do destino de seus pacientes, imbuídos do princípio da benemerência, passou-se ao relacionamento horizontal, à proposta do diálogo, de informação, em que as pessoas podem decidir sobre seus destinos. A democracia do relacionamento consiste na assunção da cidadania plena, mesmo na hora da dor e da doença. Essa é a reflexão a que transporta a Bioética. Na consulta prévia – princípio da autonomia – é que reside a grande mudança conceitual. Ainda que a ética médica se torne mais permissiva, muitas vezes há a necessidade de se recorrer à Justiça na busca de respostas a indagações similares.

É bom sempre recordar o conceito da Organização Mundial de Saúde – OMS: *Saúde é o completo estado de bem-estar físico, psíquico e social.* E esse bem-estar, se conseguido no coletivo, seria a volta do paraíso na terra, utopia desejada, mas raras vezes alcançada. Em nível individual, quando acontece, costuma levar o nome simples e globalizante de felicidade.

(Artigo publicado no *site* Estudando.com. Disponível em: <http://www.estudando.com/>. Acesso em: 25 set. 2003; no site Universo Jurídico. Disponível em: <http://www.uj.com.br/>. Acesso em: 30 jan. 2004; e na versão virtual da Revista Consulex, n° 175. Disponível em: <www.consulex.com.br>. Acesso em: 11 mai. 2004).